Ein Moment der Stille: Friedlich liegt der Eglesee im Ostallgäuer Wasenmoos; der Blick schweift über die sanft gewellten Hügel, bis sich das Land zum Breitenberg, dem Pfrontener Hausberg, erhebt (rechts), um gleich darauf noch weiter zum mächtigen Aggenstein aufzusteigen. Auf der linken Seite die Gipfel von Vilser Kegel und Schlicke.

# Wie ein Gemälde

Eine Landschaft wie ein Gemälde – als hätte der Große Maler selbst den Pinsel in die Hand genommen und sich an seinem Meisterstück versucht! Hellgrün leuchten zwischen Iller und Lech die saftigen Wiesen, etwas dunkler die dichten Wälder und zahlreichen Seen, dazwischen rote Tupfen: kleine für die Dörfer mit ihren stolzen Bauernhöfen, größere für die Städte mit ihren historischen Ortskernen. Im Süden wächst der wuchtig-graue Bergkamm der Allgäuer Alpen in den azurblauen Himmel.

Das Allgäu ist ein »göttlicher« Landstrich, eine Gegend der landschaftlichen Extreme und spektakulären Naturschönheiten, und eine Gegend, in der es sich leben läßt: Kelten, Römer und Alemannen haben sich hier niedergelassen, Grafen, Könige und Bischöfe um die Vorherrschaft gerungen. In den Freien Reichsstädten übte sich eine selbstbewußte Kaufmannschaft in »urbaner« Lebensart, auf dem flachen Land und in steiler Höhe drückten die hart arbeitenden Bauern der Region ihren Stempel auf. Eigentlich haben erst die Bauern das Allgäu zu dem gemacht, was es heute ist: ein liebenswertes Kulturland, das immer ein wenig abseits lag, sozusagen im Windschatten der Geschichte. Sie haben die steilen Berghänge und die kargen Talböden bestellt, Flachs angebaut und Felder bewirtschaftet – und sie sind schließlich im letzten Jahrhundert zur lukrativeren Viehzucht übergegangen. 240 000 Kühe liefern heute über 1,2 Millionen Tonnen Milch im Jahr – das Allgäu ist Deutschlands Käseproduzent Nr. 1. Und eine der beliebtesten deutschen Urlaubsregionen. Viel Sonne, gesunde Luft, ein auf die Umwelt abgestimmter Tourismus und ein umfangreiches Angebot an Kneipp-, Kur- und Freizeiteinrichtungen sorgen dafür, daß das auch in Zukunft so bleibt.

# INHALT

## 1 Das Ostallgäu

Land der Wälder, Berge und Seen – reich gesegnet mit Kirchen, Burgen und berühmten Märchenschlössern wie Hohenschwangau und Neuschwanstein: ein Königswinkel eben. Vom flachen Hügelland im Norden steigt es bis zur Kreisstadt Marktoberdorf auf etwa 800 Meter an, um sich anschließend bei Füssen zur Ostallgäuer Seenplatte hin zu öffnen – ein Paradies für Wassersportler. Dahinter ragt wild gezackt das Hochgebirge auf: geologisches Anschauungsobjekt der Erdfaltung vor Jahrmillionen. **Seite 16**

**SPECIAL**

**Die Königsschlösser**
Auf Hohenschwangau verbrachte Ludwig II. einen Großteil seiner Jugend, mit Neuschwanstein verwirklichte er sich einen Traum und hinterließ der Nachwelt ein zauberhaftes Märchenschloß. **Seite 26**

## 2 Von Kempten bis Immenstadt

Schon Kelten und Römer siedelten am Illerbogen – »Cambodunum« hieß damals der Flecken. Nach dem Dreißigjährigen Krieg bestimmten die Fürstäbte des Reichsstifts die Geschicke der Stadt. In Kempten lief der erste Dieselmotor, hier wurde die Butter- und Käsebörse gegründet – und hier wurde auch der Jazz »entdeckt«. Vor den Toren schönstes, von der Iller durchflossenes Hügelland. Eigenständig und selbstbewußt: Immenstadt. **Seite 28**

**SPECIAL**

**Viehscheid**
Wenn die Alphirten im Herbst mit den geschmückten Rindern von den Bergweiden herabsteigen und die gutgenährten Tiere ihren stolzen Besitzern zurückgeben, steigt in den Tälern ein großes Fest. **Seite 38**

## 3 Bergregion Oberallgäu

Dem Allgäu auf das Dach steigen, auf die höchsten Gipfel des Allgäuer Hauptkamms, über die in luftiger Freiheit Wanderwege und Klettersteige führen. In grüne Täler blicken, in denen die Menschen den Bezug zur Natur noch nicht verloren haben und alte Bräuche pflegen, die anderswo längst ausgestorben sind. Das Vieh spielt im Land zwischen Grünten, Hochvogel und Widderstein immer noch die Hauptrolle, sei es auf den Talwiesen oder hoch oben auf den sommerlichen Alpweiden. **Seite 40**

*Im Jahre 1910 schrieb F. J. Bronner in seinem Buch »Bayerisch' Land und Volk«: »Die Allgäuer haben einen viel zu aufgeweckten Kopf und einen zu großen Unternehmungsgeist, um alles immerfort so gehen zu lassen, wie es ihnen bisher getan hat. Sie sind staader (ruhiger) als die Burschen in Altbayern mit ihrer sakrischen Schneid. Ihr Wesen ist mehr behaglich, fröhlich, ähnlich dem Charakter der Landschaft, die mit Ausnahme der Bergmasse auch mehr anmutig, als großartig erhaben ist.« Dem ist auch heute nichts hinzuzufügen.*

***»Das Algöw ist in Schwaben eine Gegend; wird eingeschlossen von Orient mit dem Lech, gegen Mitnacht mit der Thonaw, gegen Occident reicht es an den Bodensee und gegen Mittag streckt es sich gegen dem Schneegebirg.«***

**Sebastian Münster (1488–1552)**

# 4 Von Oberstaufen bis Lindau

Gleich drei Freie Reichsstädte in einer Region: Lindau, Isny und Wangen. Leinenweberei und Italienhandel verhalfen ihren Bürgern im Mittelalter zu Reichtum und Macht. Patrizier bauten prächtige Häuser, die Städte wurden mit Mauern, Türmen und Toren bewehrt. Auf romanischen und gotischen Fundamenten erwuchsen herrliche Barockkirchen – auch der Klerus war nicht arm! Die Landschaft zieht sich von den hohen Bergen zurück und bevorzugt sanftere Spielformen; am Bodensee versprüht sie südliches Flair – ein Fest für die Sinne. **Seite 56**

SPECIAL

**Deutschlands Käseküche**
Mit der Umstellung von der Flachs- auf die Viehwirtschaft wurde das Allgäu zum größten deutschen Käselieferanten. Besonders köstlich schmeckt der herzhafte Bergkäse beim Senn auf der Alp. **Seite 66**

# 5 Unterallgäu

Blitzsaubere Dörfer inmitten leuchtenden Grüns. Dazwischen historische Stadtbilder hinter den Mauern von Memmingen und Leutkirch oder in der Frundsbergstadt Mindelheim. Aus dem namenlosen Wörishofen hat Pfarrer Kneipp einen Weltkurort gemacht. Unvergleichliche Barockpracht inszeniert die Klosterbasilika Ottobeuren. Kleiner, aber deswegen nicht weniger reizvoll: die Wallfahrtskirche Maria Steinbach oder Klosterkirche und -kapelle in Buxheim. **Seite 68**

SPECIAL

**Tradition und Brauchtum**
Allerlei Feste gehen auf weit in die Vorzeit zurückreichende Bräuche zurück. Man feiert sie nach dem Kirchen- oder Historienkalender und trägt dazu die alten Trachten, wie es seit alters die Regel ist. **Seite 78**

## SUPERSPECIAL

### Kelten, Römer, Alemannen

Seit die Gletscher der Eiszeit ihre weißen Tatzen zurückgezogen haben, lebten im Raum zwischen Lech und Bodensee Menschen: Auf nomadisierende Jäger und Sammler folgten keltische Ackerbauern, römische Legionäre und alemannische Völkerwanderer. Im Mittelalter kam es zwischen den mächtigen Adelsgeschlechtern der Welfen und Staufer zu heftigen Machtkämpfen. Später spielten Bauernaufstände und der Dreißigjährige Krieg der Region übel mit. Heute bestimmen Landwirtschaft und Tourismus den Alltag im Allgäu. Nicht zu vergessen die vielen Kurgäste, die Jahr für Jahr auf den Spuren des »Wasserdoktors« Kneipp wandeln.

**Seite 50**

*Sebastian Kneipp (1821–1897)*

## SERVICE

Wenn die Apfelbäume bei Riedensweiler ihre Blüten öffnen, versinken die Wiesen im Gelb des Löwenzahns. Im Westallgäu, nahe dem Bodensee, hält der Frühling schneller Einzug als auf den Allgäuer Bergen.

Märchenschloß Neuschwanstein: Geboren aus der romantischen Schwärmerei eines Königs, entworfen von einem Theatermaler, heute von Millionen besucht. Säuling und Mond nehmen's gelassen – sie haben sich längst mit dem Stein gewordenen Traum Ludwigs II. arrangiert.

Dämonenzauber und Hexentanz: Die Ursprünge der alemannischen Fasnet reichen weit in heidnische Zeiten zurück.

Makaber: Am ersten Fastensonntag werden überall im Allgäu die »Funken« entzündet und »Hexen« verbrannt.

**W**enn die Funkenfeuer lodern, schlagen die Burschen glühende Scheiben in die Nacht und rufen den Namen ihrer Auserwählten.

**Z**ur Fasnacht entsteigen die Lindauer Binsengeister dem See und treiben den Winter aus.

Die letzten Sonnenstrahlen einfangen, bevor die uralten Linden der Kurfürstenallee in Marktoberdorf ihre Blätter abwerfen – das ist Herbst in seiner schönsten Form.

Wildromantische Klamm: Einen wahren Höllenschlund hat die Breitach auf ihrem Weg ins Oberstdorfer Tal in den Stein gefressen.

Herbsttreiben: Friedlich grast das Vieh an den Ufern des Forggensees und genießt die letzten Tage auf der Weide. Wanderer zieht es in die Berge – der klaren Luft und der ausgezeichneten Fernsicht wegen.

Ein Berg wie aus dem Bilderbuch: Der majestätische Hochvogel an der Grenze zu Tirol zählt zu den markantesten Gipfeln der Allgäuer Alpen. Geübte Bergsteiger erklimmen ihn ohne Seil und Haken.

Es müssen nicht immer Riesen sein! Der bereits in römischer Zeit befestigte Auerberg bei Stötten schafft gerade einmal 1055 Meter, seine Aussicht kann es dafür mit jedem Hochgebirgsgiganten aufnehmen: Wenn die Nebeldecke reißt, liegen einem 230 Ortschaften zu Füßen – von den Allgäuer Alpengipfeln ganz zu schweigen.

# Das Ostallgäu

Eine Landschaft wie aus dem Bilderbuch: Mehr als dreißig Seen und Weiher zählt die Ostallgäuer Seenplatte; sieben große und viele kleinere machen allein die Gegend um Füssen zum Paradies für Wassersportler, Radler und Wanderer. Vor zackigen Felsgipfeln posieren bis hinaus ins hügelige Voralpenland Burgen und Schlösser. Sie künden von Machtkämpfen der Welfen und Staufer, von aufständischen Bauern und den Verwüstungen des Dreißigjährigen Krieges, von der Prunksucht und dem Kunstsinn der hohen Geistlichkeit – allen voran die Augsburger Fürstbischöfe. Und von einem egozentrischen König, der sich vor der Verantwortung des Regierens in eine Traumwelt flüchtete. Mit Neuschwanstein hat er der Nachwelt ein einmaliges Schloß und dem bayerischen Freistaat eine kräftig sprudelnde Einnahmequelle hinterlassen.

*Der Auerberg ist nicht nur einer der schönsten Allgäuer Panoramagipfel, sondern auch ein bayerischer Mikrokosmos par excellence – mit Mai-*

*baum, Kirche und Gasthof. Dem Gotteshaus mit romanischem Turm und einer Lederer-Madonna kann man auf's (Aussichts-) Dach steigen, auf der Terrasse des seit 1601 in Familienbesitz befindlichen Wirtshauses die spektakuläre Fernsicht mit einer deftigen Brotzeit würzen.*
*Tel. 0 88 60/2 35, Mo/Di 10–18 Uhr, Mi, Fr–So 10–21 Uhr, untere Preisklasse*

Deutschlands ältestes Kinderfest: »Tänzelfest« in Kaufbeuren

Schiffskanzel in der Irseer Klosterkirche

**EXTRA-TIP**

*Vollendete Handwerkskunst zeichnet die kostbaren Figuren aus, die im Kaufbeurer Puppentheatermuseum zu sehen sind. An Schnüren oder Stäben, an Drähten oder über des Meisters Hand gestülpt, erfreuten Ritter und Hexen, Kasperl- und Tierfiguren einst so manches*

*Kinderherz. Heute leben sie hinter Glasvitrinen – und verzaubern die Menschen noch immer.*
*Ludwigstr. 41 a, Tel. 0 83 41/1 41 21, Do–Sa 10–12 und 14.30–17 Uhr, So 10–12 Uhr*

Sichtlich stolz sprach der Staufer Konrad IV. 1240 in der ältesten noch erhaltenen mittelalterlichen Königsurkunde in deutscher Sprache von Kaufbeuren als »unser stat zu Bueron«. »Glückliches Kaufbeuren« soll Bayerns langjähriger Ministerpräsident Dr. Alfons Goppel gesagt haben, nachdem er zum ersten Mal das Tänzelfest miterlebt hatte. Und in der Tat scheint während der alljährlichen Tänzelfestwoche Ende Juli nur Fröhlichkeit inmitten der alten Stadtmauern zu herrschen. Vielleicht liegt es daran, daß es sich um ein Fest hauptsächlich für Kinder handelt. Oder an der Tatsache, daß die heutige Generation das Mittelalter gerne verklärt und allerorten als buntes Spektakel inszeniert. Vielleicht ist es aber auch nur die Farbenpracht des Festzugs, die sorglose Heiterkeit produziert: Fahnenschwinger, Musikkapellen und natürlich Hunderte von Kindern stellen den Besuch des Habsburger Kaisers Maximilian I. am 25. Mai 1497 nach. Insgesamt vierzehnmal soll sich die Majestät in Kaufbeuren aufgehalten haben – ein deutlicher Beweis

Verträumt: Schwaltenweiher bei Seeg; im Hintergrund die großarti

Stimmungsvoll: Herbstlandschaft bei Roßhaupten

für die frühe Anziehungskraft des inzwischen weit über die alte Befestigung hinausgewachsenen Ortes im Wertachtal.

## Fünf Maß pro Klosterbruder

Nicht nur weltliche Herrscher fühlten sich wohl zwischen den bewaldeten Hügeln des Voralpenlandes, auch die geistliche Obrigkeit wußte die liebliche Gegend zu schätzen. Mit Vorliebe demonstrierte sie Macht und Einfluß in der Ausstattung ihrer Schlösser und Klöster. Die ehemalige Reichsabtei der Benediktiner in Irsee bildete da keine Ausnahme. Der prachtvolle Treppenaufgang des in den Jahren von

Kaufbeuren – Stadt der Kirchen und der Türme

Geschnitztes Kleinod: Jörg-Lederer-Altar in der Kaufbeurer Blasiuskirche

·gkulisse der Allgäuer und Tiroler Alpen

Prächtig bemalt: Bauernhof in Bernbeuren

1707 bis 1729 erbauten Klosterkomplexes zeugt vom starken Repräsentationswillen der Kleriker, die doppeltürmige Kirche, ein Werk des Vorarlbergers Franz Beer (1699–1702), von ihrer ausgeprägten Kunstsinnigkeit. Atemberaubend: der von Joseph Schmuzer meisterlich modellierte Wessobrunner Stuck und die Schiffskanzel mit Mast, Strickleitern und Segel von Ignaz Hillenbrand, die im süddeutschen Raum wohl einmalig sein dürfte.

Neben dem Seelenheil achteten Mönche, Patres und Äbte auch auf ihr leibliches Wohl: Jahrhundertelang brauten sie ihr eigenes Bier nach alten Rezepturen. In den Gewölben des »Irseer Klosterbräus« wird es auch weiterhin ausgeschenkt, obwohl die Mönche mittlerweile verschwunden sind und in die Konventgebäude 1981 das Schwäbische Bildungszentrum Irsee Einzug gehalten hat. Über den Pro-Kopf-Verbrauch in Klöstern wartet das angeschlossene Braumuseum mit erstaunlichen Zahlen auf: Fünf Maß Bier waren das Permitt je Klosterinsasse und Tag! Daß manch einer darüber das Beten und Arbeiten vergaß, darf angesichts solcher Zahlen nicht sonderlich verwundern.

## Der Nachlaß eines Fürstbischofs

Ein Ort mit vielen Namen – Stationen einer wechselvollen Geschichte und eines kontinuierlichen Aufstiegs vom fränkischen Königshof zur Kreisstadt und größten Gemeinde des Ostallgäus: 1299 verleibten sich die Augsburger Fürstbischöfe »Oberdorf« ein, 1453 wurden dem Flecken die Marktrechte verliehen, ab 1898 durfte sich die Gemeinde »Markt Oberdorf« nennen, und 1953 wurde sie schließlich zur Stadt erhoben und heißt seither »Marktoberdorf«. Eine Treppenanlage führt auf den Hügel zwischen Geltnach und Wertach, auf dem das einstige Jagdschloß der Augsburger Fürstbischöfe und die von Johann Georg Fischer erbaute Schloßkirche historische Akzente setzen. Dem Gotteshaus, das als eine der schönsten Rokokokirchen Bayerisch-Schwabens gilt, ist die achteckige Grabkapelle für den Sohn König Augusts III. von Sachsen und Polen und späteren Fürstbischof von Trier und Augsburg, Clemens Wenzeslaus, angegliedert. Er hinterließ der Nachwelt zur Abwechslung einmal kein Bau-, sondern ein Naturdenkmal: Auf sein Geheiß hin wurden 1774 auf der knapp zwei Kilometer langen Kurfürstenallee hin-

**EXTRA-TIP**

*18 000 Sudetendeutsche schufen sich 1946 nördlich von Kaufbeuren eine neue Heimat: Neugablonz. Mitgebracht haben sie die Kunst der Schmuck- und Glasherstellung. Heute produzieren 250 Betriebe den berühmten Neugablonzer Modeschmuck, der im »Haus der Gablonzer Industrie« besichtigt und erworben werden kann. Neue Zeile 11, Tel. 0 83 41/6 78 96, Mo–Fr 9–12 und 13.30–17 Uhr, Sa 9–12 Uhr*

**Wallfahrt fürs liebe Vieh: St.-Kolomansritt in der Nähe von Schwangau**

**Frühlingsimpressionen aus dem Königswinkel: Löwenzahnblüte vc**

**EXTRA-TIP**

*Der künstlich aufgestaute Forggensee macht sich in einem Becken breit, in dem es schon viel früher einen eiszeit-*

*lichen See gegeben hat. 1994 wurde in den Räumen des Kraftwerks Roßhaupten ein »Informationszentrum Wasserkraft« eingerichtet, das neben Flora und Fauna des Lechs auch Geschichte und Brauchtum der Region dokumentiert. Forggenseestr. 100, Tel. 0 83 67/3 56, Okt.–Apr. Mo–Do 7–15 Uhr, Fr 7–14 Uhr, Mai–Sept. Mo–Do 7–15 Uhr, Fr. 7–14 Uhr, Sa/So 7–17 Uhr*

**Naturschauspiel: Lechfall bei Füssen**

ter dem Schloß 670 Linden gepflanzt – etwa 400 davon stehen heute noch.

## Kunstprodukt Forggensee

Begeistert war Anfang der fünfziger Jahre kaum jemand, als das Urstrombett des Lechs zwischen Füssen und Roßhaupten zu einem Wasserspeicher aufgestaut werden sollte. Der Verlust der typischen Lechlandschaft mit ihren Auen, Kiesbänken und engen Schluchten rief schon damals die Naturschützer, der Untergang von Äckern und Gehöften die Bauern auf den Plan. Gebaut wurde trotzdem, und von einem der versunkenen Weiler, von Forggen, bekam der See seinen Namen. Auch ein Teil der »Via Claudia Augusta« führt seither mitten durch das riesige Becken, das nicht nur einen wichtigen Beitrag zur Stromerzeugung, sondern auch zum

**Meisterwerk: »Totentanz« in der Füssener Annakapelle**

Hochwasserschutz leistet: Erst der Dammbau bei Roßhaupten und weitere Staustufen haben den wilden »Licca«, den »rasch Fließenden«, wie die Kelten den Lech nannten, gezähmt. Im Winter, wenn der See weitgehend abgelassen ist, sucht der ungestüme Wildfluß inmitten einer Geröllwüste seinen Lauf noch immer im alten Bett. Bis etwa Mitte Juni hat er seine Arbeit getan und den eiszeitlichen Speicher mit den gewaltigen Wassermassen der Schneeschmelze im Gebirge wieder aufgefüllt. Dann gleißt die 16,5 Quadratkilometer große Fläche im Sonnenlicht, verwandelt sich das Gewässer erneut in ein herrliches Freizeitrevier für Wassersportler und Erholungssuchende.

## Vom Märtyrer zum Viehpatron

Vermutlich war er ein irischer Königssohn, der Coloman, der auf einer Pilgerreise nach Jerusalem auf freiem Felde bei Schwangau rastete, bevor er 1012 nahe der ungarischen Grenze als angeblicher Spion ermordet wurde. Anstelle der zu seiner Verehrung

r Wallfahrtskirche St. Koloman und Schloß Neuschwanstein

Idylle hinter Klostermauern: Abtei und Pfarrkirche St. Mang in Füssen

Der Hopfensee unweit von Füssen: Aufgrund der vielen Sonnentage wurde ihm das Prädikat »Allgäuer Riviera« zuteil

errichteten gotischen Feldkapelle baute kein Geringerer als der Wessobrunner Johann Schmuzer 1673 im ehemaligen Pestfriedhof eine neue Wallfahrtskirche. Von außen eher schmucklos, bezaubert im Inneren der meisterhaft gestaltete Stuck: Elegantes Band- und Blattwerk und üppige Fruchtgehänge bedecken Wände und Decken und erzeugen eine faszinierende Raumwirkung, in Rot und Weiß glänzen die herrlichen Stuckmarmoraltäre. Daß das Gotteshaus heute vor allem zum Pilgerziel für Fotografen geworden ist, liegt in erster Linie am Hintergrund: Zusammen mit den Bergen bilden die Königsschlösser Hohenschwangau und Neuschwanstein eine Kulisse, wie sie kein Theatermaler aufregender hätte schaffen können. Das große »Bühnenspektakel« findet tatsächlich statt: Alljährlich am zweiten Oktobersonntag danken die Schwangauer mit einer farbenprächtigen Reiterprozession, dem Kolomansritt, dem Viehpatron für die glückliche Rückkunft ihrer Tiere von den Alpen.

**EXTRA-TIP**

*Einer der schönsten Campingplätze des Ostallgäus fällt ein wenig aus dem Rahmen: Direkt am*

*Hopfensee, vom Wasser nur durch die Uferpromenade getrennt, kann man campen und kuren mit allem, was so dazugehört: medizinische Betreuung, Fitneßprogramm, Hallenbad, Sauna, Solarium etc. Campingplatz Hopfensee, Tel. 0 83 62/ 74 31, Mitte Dez–Okt., Reservierung erforderlich!*

Ein Ort mit 13 Gesichtern: Historischer Dorfverbund Pfronten

Romantisch: Abenddämmerung über dem Füssener Schloßberg

**EXTRA-TIP**

*Von Nesselwang führt ein romantischer Spazierweg hinauf zur Wall-*

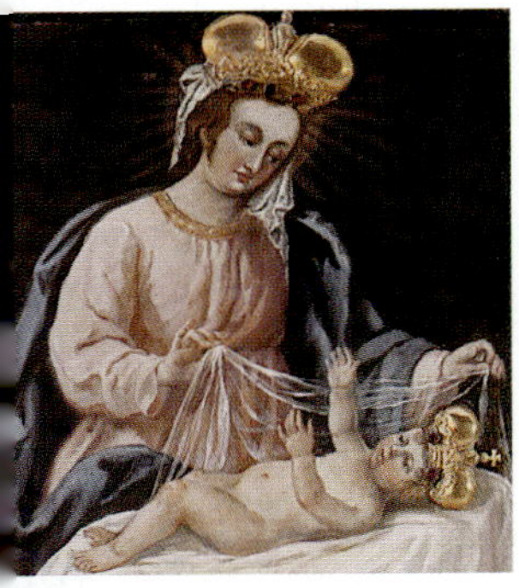

*fahrtskapelle Maria Trost. Das Gnadenbild im barocken Hochaltar ist die Kopie eines Muttergottesbildes, das 1658 Rudolph von Grimming in die Einsiedelei mitbrachte. Das »wunderwirkende« Original kehrte nach Salzburg zurück und wurde dort feierlich gekrönt. Wolfgang Amadeus Mozart schrieb zu diesem Anlaß seine »Krönungsmesse«.*

Barockjuwel: Füssener Klosterbibliothek

Grenzgipfel unter Naturschutz: Der Aggenstein bei Pfronten

## »Apostel des Allgäus«

Noch früher, in der Mitte des 8. Jahrhunderts, wurde der heilige Magnus vom Augsburger Bischof ausgeschickt, die wilden Stämme vor und in den Bergen zu missionieren. Als »Apostel des Allgäus« vom Volk verehrt, hat er nicht nur das Christentum hinterlassen, sondern in einem Felsen am Lechfall auch seinen Fußabdruck, den »Magnustritt«. Hinter dem Hohen Schloß zu Füssen, wo sich der Gebirgsfluß wild schäumend seinen Weg ins Flachland erzwingt, soll der Heilige auf der Flucht vor Dämonen über die Schlucht gesprungen sein! Wer's glauben mag! In das Reich der Sagen gehört nach neuesten Grabungen auf jeden Fall die Behauptung, daß es in der frühromanischen Krypta der Füssener Klosterkirche St. Mang einen Sarkophag mit seinen Gebeinen gibt.

Das zu Beginn des 18. Jahrhunderts von Johann Jakob Herkomer barockisierte Benediktinerkloster St. Mang ist 750 aus einer Zelle des Heiligen entstanden. Zu seinen kostbarsten Schätzen gehört der »Füssener Totentanz« in der Annakapelle. 1602 schuf Jakob Hiebler den berühmten Bilderzyklus und führte in zwanzig Feldern eindrucksvoll vor Augen, daß niemand – weder Edelmann noch Bauer – dem Sensenmann entrinnt. Auf dem Hügel oberhalb des Klosters errichteten römische Legionäre zur Sicherung der wichtigen Handelsstraße »Via Claudia Augusta« gegen Ende des dritten Jahrhunderts das Kastell »Foetibus«. Ihm folgte im 13. Jahrhundert eine Burg der Wittelsbacher, 1322 schließlich die erste Residenz der Augsburger Fürstbischöfe, die zwischen 1496 und 1505 in ihrer jetzigen Form ausgebaut wurde. In Deutschland einzigartig ist die Architekturmalerei an den Außenfassaden des Hohen Schlosses: Sie täuscht gotische Fensterumrahmungen und entzückende Erkerchen nur vor – handwerkliche

Wo Bronzegänse Wasser spritzen: Brunnen auf Schloß Hohenschwangau

Gotische Illusionskunst: Hohes Schloß in Füssen

Ungestüm: Wasserfall in der wilden Pöllatschlucht

Illusionskunst vom Feinsten. Eindrucksvolle Fassaden besitzen auch die mittelalterlichen Bürgerhäuser in der vollständig erhaltenen Altstadt zu Füßen des Schloßkomplexes. Zusammen mit den verschwenderisch über die Stadt verstreuten Kunstschätzen zeugen sie vom früheren Wohlstand der einst bedeutenden Handelsmetropole. Wer durch das engwinklige Gassengewirr zum Brotmarkt gefunden hat, den erinnert der Lautenmacherbrunnen daran, daß in Füssen einst die Wiege des Saiteninstrumentebaus in Europa stand.

## Des Königs Märchenschloß

Der junge Bayernprinz Ludwig verbrachte einen Großteil seiner Kindheit auf Schloß Hohenschwangau. Gut möglich, daß in seinen Gedanken der nahe Hügel mit den zwei Burgruinen über der Pöllatschlucht bereits damals eine Rolle spielte. Immer tiefer tauchte der designierte Monarch in die Welt der deutschen Heldensagen ein. Gestalt nahm sein Traum von einem über den Wolken schwebenden Märchenschloß jedoch erst an, nachdem er zum König gekrönt worden war und aus dem vollen schöpfen konnte – aus der bayerischen Staatsschatulle: Nach Entwürfen des Theatermalers Christian Jank und unter der Leitung des Königlichen Hofbaumeisters Eduard Riedel, dem später Georg von Dollmann folgte, wuchsen die weißen Türme von Neuschwanstein ab 1869 in den Ostallgäuer Himmel. Gewohnt hat der unglückliche König in seinem Traumschloß nie, er zog das lauschige Rokokoschlößchen Linderhof im nahen Ammergau vor. Außerdem gab es da noch den Prachtbau auf der Herreninsel im Chiemsee und die Reste einer Burg auf dem 1268 Meter hohen Falkenstein über dem Vilstal bei Pfronten, die seine Phantasie beschäftigten. Nachdem die seit dem 11. Jahrhundert auf Burg Falkenstein residierenden Augsburger Bischöfe ihren Sommersitz nach Füssen verlegt hatten, wurde die Feste auf Befehl der Tiroler Landesregierung 1646 in Brand gesteckt, weil man sie nicht in die Hand der anrückenden Schweden fallen lassen wollte. Noch schöner, noch prächtiger sollte das Gegenstück zu Neuschwanstein erstehen. Pläne und Modell waren bereits fertig, als der in Ungnade gefallene Monarch abgesetzt und nach Berg am Starnberger See gebracht wurde, wo er am 13. Juni 1886 auf bisher ungeklärte Weise ums Leben kam. Falkenstein blieb, was es war: eine Ruine mit herrlichem Ausblick.

**EXTRA-TIP**

*Zwei, die zusammengehören: die Ruinen Hohenfreyberg und Eisenberg bei Zell/Eisenberg. Beide Burgen teil-*

*ten das gleiche Schicksal: 1525 Plünderung durch rebellierende Bauern, 1646 Zerstörung durch die Tiroler Landesregierung. Die Ruine Eisenberg wurde teilweise rekonstruiert, ihre Nachbarin lediglich vor weiterem Verfall bewahrt. Auf der »Schloßbergalm« direkt unter den Ruinen gibt's zu den deftigen Allgäuer Gerichten die herrliche Aussicht gratis dazu.*
*Burgweg 50,*
*Tel. 0 83 63/17 48,*
*Mitte Dez.–Nov.*
*Di–So 10–24 Uhr*

KAUFBEUREN
MARKT-OBERDORF
SCHONGAU
FÜSSEN
Pronten
Nesselwang
Reutte
Peiting
Steingaden
Wieskirche
Neuschwanstein
Hohenschwangau
Romantische Straße
Obergünzburg
Irsee
Neugablonz
Mauerstetten
Stöttwang
Germaringen
Ober-ostendorf
Fuchstal
Denklingen
Kaltental
Altenstadt
Biessenhofen
Ruderatshofen
Lechbruck
Bernbeuren
Burggen
Stötten a. Auerbg.
Roßhaupten
Seeg
Halblech
Schwangau
Forggensee
Hopfen a. See
Weißensee
Eisenberg
Zell
Kappel
Lengenwang
Rückholz
Görisried
Unterthingau
Kraftisried
Kempter Wald
Sulzschneider Forst
Vils
Tannheim
Oy-Mittelberg
Wertach
Jungholz
Unterjoch
Pfronten
Lechaschau
Breitenwang
Ehenbichl
Wängle
Weißenbach
Heiterwang
Plansee
Alpsee
Naturschutzgebiet
Hoher Trauchberg
Trauchgau
Buching
Ammersattel
Säuling
Aggenstein
Einstein
Gaichtpaß
Engpaß
Lech

## SEHENSWERTES

Die **Autotagestour** führt von Füssen nach Steingaden und weiter über Marktoberdorf und Kaufbeuren zum Kloster Irsee. Auf dem Rückweg liegen Nesselwang, Pfronten, Seeg und der Forggensee.

### FÜSSEN ★★

**1** Lange Zeit gaben in Füssen die Benediktiner den Ton an: Zu Beginn des 18. Jh.s wurden Kloster und Kirche St. Mang von Johann Jakob Herkomer in venezianisch beeinflußtem Barock aufgezogen. Heute nutzen die Räumlichkeiten der Konventgebäude Stadtverwaltung und -museum.
*Lechhalde 3, Tel. 0 83 62/ 90 31 45, Apr.–Okt. Di–So 11–16 Uhr, Nov.–März Di–So 14–16 Uhr.*
In der St.-Anna-Kapelle zu bewundern: der »Füssener Totentanz« von Jakob Hiebeler. Das Hohe Schloß präsentiert sich als eine der am besten erhaltenen spätgotischen Burganlagen in Bayerisch-Schwaben und beherbergt eine Filialgalerie der Bayerischen Staatsgemäldesammlungen. Sehenswert: die Kassettendecke im Rittersaal.

### HOHENSCHWANGAU ★★★

**2** Eine Region, drei Superlative: Neuschwanstein, das weiße Märchenschloß König Ludwigs II. über der wilden Pöllatschlucht, Schloß Hohenschwangau in strahlendem Gelb über dem Alpsee und auf freiem Felde zwischen steilen Bergen und glitzernden Gewässern ein Barockdiamant – Johann Schmuzers berühmte Wallfahrtskirche St. Koloman.

### STEINGADEN ★★★

**3** 1745 begann der Wessobrunner »Stararchitekt« Dominikus Zimmermann mit dem Bau der Wieskirche, neun Jahre später war das Rokokojuwel fertig; Fresken und Stuck stammen von seinem Bruder Johann Baptist. Doch auch das Steingadener Kloster und seine später barockisierte Kirche lohnen eine Besichtigung.

### MARKTOBERDORF ★

**4** Ein betriebsames Städtchen, das von Kirche und Schloß überragt wird. Hinter dem einstigen Jagdschloß der Augsburger Fürstbischöfe erstreckt sich eine prachtvolle alte Lindenallee. Die Kirche überrascht mit einer der schönsten Rokokoausstattungen Bayerisch-Schwabens. Originell: das Riesengebirgs- und das Stadtmuseum mit Mausefallen- und Bügeleisensammlung im Martinsheim.
*Eberle-Kögl-Str.11, Tel. 0 83 42/ 4 19 82, Fr und jeden 1. So im Mo 10–12 Uhr, Mi 10–12 und 13.30–15.30 Uhr, Stadtmuseum jeden 2. So im Monat 14–16.30 Uhr*

### KAUFBEUREN ★

**5** Türme, Mauern, schmale Gassen – mittelalterlich präsentiert sich die ehemalige Freie Reichsstadt, deren Wahrzeichen der »Fünfknopfturm« ist. Malerisch schmiegt sich die gotische Blasiuskirche an die Stadtmauer, deren Wehrgang durch das untere Geschoß des Blasiusturms führt. Hauptattraktion ist das alljährlich Ende Juli stattfindende »Tänzelfest«, das älteste historische Kinderfest Bayerns. Im Stadtmuseum wurden Gedenkräume für den Heimatschiftsteller Ludwig Ganghofer eingerichtet.
*Kaisergäßchen 12–14, Tel. 0 83 41/10 02 32. Di–Sa 9–12 und 14–17 Uhr, So 9–12 Uhr*

### IRSEE ★★

**6** Im ehemaligen Benediktinerkloster geht es zu wie in einem Bienenkorb: In den Konventgebäuden hat sich das Schwäbische Bildungszentrum eingerichtet, die Kirche zieht mit den herrlichen Stukkaturen von Joseph Schmuzer und ihrer einzigartigen Schiffskanzel Kunstliebhaber aus nah und fern an. Im Brauereimuseum kann man durch Sichtfenster direkt ins Sudhaus blicken.

**Rokokoperle im Pfaffenwinkel: Wieskirche bei Steingaden**

Und gleich nebenan, in den Gewölben des »Irseer Klosterbräus«, wird das kräftige Klosterbier ausgeschenkt.
*Klosterring 1, Tel. 0 83 41/ 43 22 00, tgl. 11–23 Uhr, untere Preisklasse, 23 Zimmer, Museum tgl. 9–19 Uhr*

### PFRONTEN ★

**8** Großgemeinde im Tal der Vils mit einer ganzen Reihe beschaulicher Ortschaften. Den schönsten Blick hat man von oben: von der Burgruine Falkenstein oder vom Breitenberg aus, dem Pfrontener Wander- und Skiparadies. Unübersehbares Wahrzeichen ist der 61 m hohe Turm der Pfarrkirche St. Nikolaus in Ortsteil Berg, die vor allem durch ihre illusionistischen Kuppelmalereien und die beiden Gemälde des Venezianers Giovanni Pellegrini besticht.

### SEEG ★

**10** Im 13. Jh. kam Seeg zum Bistum Augsburg. In der bestechend schönen Barockkirche, einem Werk Johann Jakob Herkomers, ziehen vor allem die Deckengemälde von Balthasar Riepp und Johann Baptist Enderle die Blicke auf sich. Die südlich auf dem Schloßberg gelegenen Burgruinen Hohenfreyberg und Eisenberg gehören zu den größten und am besten erhaltenen im ganzen Allgäu.

## ESSEN & TRINKEN

### AITRANG

**7** Am nahen Elbsee lockt das »Elbsee-Restaurant« mit schwäbischen Lekkereien, rustikaler Gemütlichkeit und einem Biergarten direkt am Wasser.
*Am Elbsee 1, Tel. 0 83 43/3 30, Mai–Sept. tgl. 10–24 Uhr, Okt.–Apr. Di–So 10–24 Uhr, untere–mittlere Preisklasse*

### EISENBERG

**9** Unter der mächtigen Friedenslinde beim »Landgasthof Gockelwirt« saß schon König Ludwig II. Weithin gerühmte Spezialität: knusprige Brathendl.
*Pröbstener Str. 23, Tel. 0 83 64/8 30, Juli–Sept. tgl. 8–24 Uhr, Okt.–Juni Fr–Mi 8–24 Uhr, untere–mittlere Preisklasse, 17 Zimmer*

## WANDERN UND RADWANDERN

**A** Eine längere **Fahrradtour,** die sich auch auf zwei Tage verteilen läßt, ist die »Dampflokrunde«. Sie beginnt in Kaufbeuren am Bahnhof, verläuft dann in östlicher bzw. südöstlicher Richtung nach Osterzell und Burggen, anschließend weiter nach Lechbruck und über Stötten und Marktoberdorf zurück nach Kaufbeuren. Fast die Hälfte der Strecke wird auf stillgelegten Bahntrassen absolviert. Markierung: grüne Dampflok und Rad. Ein Faltblatt mit Karte ist bei den Verkehrsämtern Kaufbeuren, Marktoberdorf und Lechbruck erhältlich.
*Strecke: 78 km, Dauer: ca. 5 Std.*

**B** Ausgangspunkt der **Wanderung** von Nesselwang auf die 1575 m hohe Alpspitze ist die Talstation des Sessellifts. Von hier Richtung Bayerstetten marschieren und anschließend immer der Beschilderung folgen – bis der leicht ersteigbare Gipfel erreicht ist. Auf dem Rückweg geht es vorbei am Berggasthaus »Sportheim Böck« hinab zur Mittelstation. Wer möchte, kann die letzten einhundert Meter auf der Sommerrodelbahn mit einem Schlitten zurücklegen.

**C** Von Füssen gelangt man via Galgenbichl und Wanderweg Nr. 89 in eineinhalb Stunden zum Hopfensee. Um den See herum führt ein äußerst reizvoller **Spaziergang** (Wanderweg Nr. 155). Der etwa 6 km lange Rundweg bietet herrliche Ausblicke auf das Hochgebirge und die Königsschlösser. Gasthäuser, Schwimmbad, Minigolf und Bootsverleih liegen an der Strecke.

*Über Schlössern und Seen schweben, frei wie der Vogel in der Luft! Zum unvergeßlichen Erlebnis wird ein Tandemflug vom Tegelberg. Ein erfahrener Gleitschirm- oder Drachenflugpilot nimmt Sie unter seine Obhut. Nur mitlaufen beim Start müssen*

*Sie selbst! Wer Gefallen an dieser Art der Fortbewegung gefunden hat, kann ein- oder zweitägige Schnupperkurse buchen.*
*Flugschule Tegelberg, Raiffeisenstr. 4, 87672 Roßhaupten, Tel. 0 83 67/5 98, Schulungsraum und Treffpunkt: Haldenweg 4, Tel. 0 83 67/ 9 26 50*

SPECIAL

# Die Burg des Schwanenritters

**»Ich habe die Absicht, die alte Burgruine Hohenschwangau bei der Pöllatschlucht neu aufbauen zu lassen im echten Styl der alten deutschen Ritterburgen ... «, schrieb Bayerns Märchenkönig Ludwig II. 1868 an seinen Freund, den Komponisten Richard Wagner. Ein Schwanenritter wollte er sein, umgeben von der Sagenwelt seiner Heldenträume. Mit Schloß Neuschwanstein schuf er sich seine steingewordene Gralsburg. In ihr erinnert alles an Lohengrin, Parzival und Tannhäuser – eine riesenhafte Theaterkulisse, wie geschaffen für Wagners heroische Opern. Wen wundert's, daß er mit Christian Jank einen Bühnenmaler für die Entwürfe bestellte.**

**1** In Ludwigs Arbeitszimmer ist sogar das Schreibzeug mit dem Schwanenritter Lohengrin verziert. Die Wandbilder erzählen die Tannhäusersage. Gearbeitet hat der König (kleines Bild, Ferdinand Piloty, 1865) hier nie. Seine Unlust am Regieren und die aufwendigen Schloßbauten führten zu seiner Absetzung. Im Starnberger See kam er am 13. Juni 1886 auf bis heute ungeklärte Weise ums Leben.

**2** Der Sängersaal auf der Wartburg sollte in Neuschwanstein seine Nachbildung bekommen, mit einer Auflage: Die Wandgemälde mußten das Leben Parzivals zeigen, wie hier in »Parzival auf der Gralsburg« von August Spieß.

**3** Gold, Stuckmarmor und blaue Säulen bestimmen das Bild des Thronsaals im byzantinischen Stil. Der Thron selbst fehlt. Geldmangel stoppte die Arbeiten.

**4** Auf Schloß Hohenschwangau hat der bayerische Thronfolger seine Jugendzeit verlebt. Schon der Vater, Maximilian II., war ein Romantiker. Er hatte die ruinöse Burg 1832 erworben und von Domenico Quaglio im neugotischen Stil instandsetzen lassen.

**5** Christian Jank entwarf 1883 des Königs nächstes Traumschloß: den Umbau von Ruine Falkenstein bei Pfronten. Zur Ausführung kam es nicht: Die Kassen waren längst leer.

**6** Die Hofkapelle: Ein Erker im Wohnzimmer auf Hohenschwangau diente als Betraum.

**7** Die Wandbilder im Arbeitszimmer des Königs auf Hohenschwangau zeigen Szenen aus dem »Ritterleben im Mittelalter«. Die Entwürfe schuf Moritz von Schwind.

4

1

2

3

5

6

7

Die St.-Lorenz-Basilika stand einst im Zentrum der katholischen Stiftsstadt Kempten. Zusammen mit der fürstäbtlichen Residenz gilt sie als erste Barockanlage Süddeutschlands. Die bunten Blumenbeete des Hofgartens umschmeicheln ihre mächtigen Fassaden.

# Von Kempten bis Immenstadt

Kleine Schäfchenwolken ziehen gemächlich über die sanften Hügel vor der eindrucksvollen Kulisse der Allgäuer Alpen. Die Eiszeit verlieh der Moränenlandschaft Glitzeraugen: den Großen und den Kleinen Alpsee bei Immenstadt, den Niedersonthofener und den Sulzberger See. Das Oberallgäu ist zugleich ein altes Kulturland, in dem die Kelten vor den Römern am Flußbogen der Iller siedelten, Ritter und Grafen zwischen Immenstadt und Kempten ihre Burgen und die Alemannen in Wiggensbach einen Münzschatz hinterließen. Vom Fleiß der Bewohner zeugen zahlreiche stolze Weiler, Gehöfte und »Häuserknäuel«, die sich um Dorfkirchen scharen. Einzigartig ist Kempten, die Allgäumetropole, die neben aller Geschäftigkeit Lebenslust und Fröhlichkeit versprüht, als hätte sie nie schlechte Zeiten erlebt.

*Neun Tage lang swingt die Allgäumetropole im Rhythmus des »Kemptener Jazzfrühlings«. Auf Straßen und Plätzen, im Hofgarten, in öffentlichen Gebäuden und in Gaststätten spielen hochkarätige internationale Bands und Solisten. Von Blues und*

*Dixieland, Boogie und Big-Band-Sound bis hin zum Gospelkonzert sind alle Richtungen des Jazz vertreten. Neues auszuprobieren, war das Anliegen des Kleinkunstvereins Klecks, als er 1985 ein Musikereignis ins Leben rief, das mittlerweile zu den größten Jazzfestivals in Deutschland zählt! Rund 90 Auftritte, Happenings und Konzerte finden statt – und jedes Jahr werden es mehr. Programm und Pauschalarrangements: Verkehrsverein Kempten, Tel. 08 31/ 2 52 52 37*

Kempten: 209 Räume verbergen sich hinter den Mauern der Residenz

Ziegelrotes Dächermeer: Blick über Kemptens Altstadt

Rokoko vom Feinsten: Johann Georg Üblher schuf den lebhaften Stuck im Thronsaal der Residenz

**EXTRA-TIP**

*Liebhaber von Burgen kommen im »Allgäuer Burgenmuseum« in Kemp-*

*ten voll auf ihre Kosten. Modelle, Abbildungen, Pläne, neueste Forschungsergebnisse und archäologische Funde geben Einblick in die mittelalterliche Burgenzeit bis zur Entwicklung der Festungsanlage in der Neuzeit. Westendstr. 21, Tel. 08 31/8 30 88 oder 2 75 96, So 10–12 Uhr, jeden 1. So im Monat auch 14–16 Uhr, Gruppenführung nach Vereinbarung*

Kempten kann sich als die älteste schriftlich nachgewiesene Stadt Deutschlands bezeichnen, denn bereits 18 n. Chr. erwähnte der griechische Geograph Strabon in seiner Erdbeschreibung das keltische »Kambodunon«, was soviel wie »Burg« oder »Siedlung an der Flußkrümmung« bedeutet, von der aber bis heute jegliche Spur fehlt. Die Römer bauten sie als »Cambodunum« zu einem ihrer wichtigsten Stützpunkte der Provinz Raetien aus, zusammen mit »Augusta Vindelicum«, das heute Augsburg heißt, und »Castra Regina«, Regensburg. Die Bedeutung der Römerstadt spiegelt der »Archäologische Park Cambodunum« wider, der sich in drei Bereiche gliedert: den gallo-römischen Tempelbezirk, die Kleinen Thermen und das Forum.

Im Jahr 260 hat man die Stadt nach einem Einfall der Alemannen vom rechten Illerufer auf die linke, geschütztere Flußseite, die Burghalde, verlegt. Im 8. Jahrhundert gründeten die St. Galler Mönche Theodor und Magnus ein Kloster, das älteste im ganzen Allgäu, und verbreiteten das Christentum. 950 zogen die Ungarn über das Land, zerstörten Kempten und dabei auch den ursprünglichen Klosterkomplex. Das zwang die Mönche dazu, die Anlage neu aufzubauen, diesmal auf der westlichen Hochfläche der Stadt, am heutigen Standort der Residenz. Geblieben ist die ehemalige Klosterkirche St. Mang, die 1426 gotisch erneuert wurde. Leider fielen dem Bildersturm sechs Altäre zum Opfer. Man zersägte und verbrannte sie an der Illerbrücke.

In neuem Glanz: Kemptens Rathaus aus dem 14. Jh.

Zumsteinhaus: Das schönste Bürgerhaus der Stadt

Verträumt: Jugendstilbrunnen am St.-Mang-Platz

## Die feindlichen Schwestern

Durch ein Privileg Rudolfs von Habsburg erhielt Kempten im 13. Jahrhundert die Rechte einer Reichsstadt, doch erst als 1525 mit dem »Großen Kauf« die letzten grundherrlichen Ansprüche des Klosters abgelöst wurden, erreichte sie den Status einer Freien Reichsstadt. Parallel dazu, quasi als Staat im Staat mit jeweils eigenem Militär, existierte die klösterliche, gottesfürchtige »Stiftsstadt« mit der fürstäbtlichen Residenz im Zentrum. Aus dieser Situation heraus entstand ein ständiges Gegeneinander, ein Machtgerangel auf engstem Raum, das jahrhundertelang andauern sollte. Nachdem sich die Reichsstadt der Reformation angeschlossen hatte, stiegen die Spannungen mit dem ebenfalls selbständigen Reichsstift, was 1632/33 in der gegenseitigen Zerstörung unter Mithilfe der Schweden auf der einen und der kaiserlichen Truppen auf der anderen Seite gipfelte. Danach blieb nicht mehr viel übrig vom einstigen Kempten, und so war Platz, um 1651 mit dem Neubau der Residenz und der St.-Lorenz-Basilika zu beginnen, der ersten großen barocken Klosteranlage nach dem Dreißigjährigen Krieg und Vorbild für so bekannte Stiftsbauten wie Ottobeuren oder Weingarten. Michael Beer und Johann Serro konnten als Baumeister gewonnen werden, im Innern wirkten namhafte Künstler wie Johann Schütz, Johann Georg Üblher und Ägid Verhelst. Die fürstäbtlichen Prunkräume der Residenz zeugen von der aufwendigen, ja verschwenderischen Hofhaltung des Klerus – zuletzt zählte der Hofstaat 232 Personen –, der die Säkularisation 1802/03 ein Ende bereitete; Kempten fiel an Bayern. Trotzdem gab es immer noch die Spaltung zwischen Reichsstadt und Stiftsstadt. Erst 1818 wuchsen auf Befehl des bayerischen Königs die jahrhundertealten Gegensätze zu einem interessanten Stadtgebilde zusammen, über dessen Sehenswürdigkeiten eine der kostenlosen Stadtführungen Auskunft gibt: Zu Fuß geht es zum eleganten Rathaus und dem Brunnen auf dem wohl schönsten Stadtplatz des Allgäus. Der Weg führt weiter zum Hofgarten, zur Orangerie und zu dem als reichsstädtisches Gegenstück zur Residenz erbauten Ponickauhaus mit seinem glanzvollen Treppenaufgang und Festsaal.

## Von Butter und Käse

In Augsburg wurde zwar der Dieselmotor erfunden, doch der erste der Welt arbeitete 1898 in Kempten in einer Zündholzfabrik. Das mag mit der aufgeweckten Natur der Allgäuer zusammenhängen. Sie sind

**EXTRA-TIP**

*Das »Landhotel Hirsch« in Kempten, östlich des Stadtzentrums gelegen, bietet Komfort noch zu erschwinglichen Preisen. Im gemütlichen Innenhof serviert das Restaurant »Osteria Antica« kreative, südländische Spezialitäten.*

*Lenzfrieder Str. 55, 87437 Kempten, Tel. 08 31/57 40 00, Fax 5 74 00 41, Restaurant: Mo–Do 18–1 Uhr, Fr–So 11.30–1Uhr, mittlere–obere Preisklasse*

Eindrucksvoller Abschluß des Hofgartens: Die Orangerie

**EXTRA-TIP**

*Gehobene internationale Küche, Business-Lunch und mehrgängige Überraschungsmenüs machen das Restaurant »Tableau« in Kempten nahe dem*

*Rathausplatz zur Adresse für Feinschmecker. Man sitzt im idyllischen Garten, dem vielleicht schönsten Innenhof der Stadt, mit natürlichem Baumbewuchs und exklusivem Mobiliar. Fischersteige 6, Tel. 08 31/2 86 59, Di–Sa 11–14 und 17.30–24 Uhr, obere Preisklasse*

Herkules im Archäologischen Park Cambodunum

ausgesprochene »Mächlar«, das heißt, sie machen alles und probieren alles. Weitblick war es wohl auch, als 1921 Oberbürgermeister Dr. Otto Merkt mit Unterstützung namhafter Milchwirtschaftler die »Kemptener Börse« ins Leben rief, die 1996 ihr 75jähriges Bestehen feiern konnte. Sie sollte einen besseren Überblick über das seinerzeit stark zersplitterte Angebot bei Butter und Käse, über Märkte und Preise schaffen. Alle Beteiligten, Milchverarbeiter und Käufer, setzten sich an einen Tisch und ermittelten gemeinsame Notierungen aufgrund gutfundierter Einkaufs- und Verkaufsstatistiken. Im Dritten Reich gab es natürlich keinen Platz mehr für eine so liberale, marktwirtschaftliche Institution, doch gleich nach dem Krieg öffnete sie wieder ihre Tore. Neben Köln und Hannover ist die »Süddeutsche Butter- und Käsebörse« in Kempten heute einer der wichtigsten Notierungsplätze für Milcherzeug-

Idyllisches, hügeliges Land: Blick auf Petersthal

Mordsspektakel in Altusried: Allgäuer Freilichtspiele

nisse in der Bundesrepublik. Die Sitzungen finden jeden Mittwoch im Haus der Milchwirtschaft statt. Mitglieder und damit Melder sind Handels- und milchverarbeitende Unternehmen in Bayern, Baden-Württemberg und Sachsen, die 40 Prozent der gesamtdeutschen Milchanlieferung, 60 Prozent der Käseherstellung, ohne Frischkäse, und 25 Prozent der Butterherstellung repräsentieren. Die ermittelten Daten, die in Fachzeitschriften und über Nachrichtendienste regelmäßig im deutschsprachigen Raum

Prächtiges Kuppelfresko: St. Pankratius in Wiggensbach

Naturschauspiel: Illerdurchbruch bei Altusried

veröffentlicht werden, dienen den Milcherzeugern ebenso wie dem Großhandel, den Verarbeitern und damit letztendlich dem Verbraucher.

## Der Durchbruch bei Altusried

Zahllose Bögen und Schleifen prägen den Lauf der Iller, bevor der Fluß, teilweise gestaut und später reichlich begradigt, die Grenze zwischen Bayerisch-Schwaben und Baden-Württemberg bildet und in Ulm sein grünliches Wasser in die gar nicht so blaue Donau ergießt. Dabei ist er ein echtes Allgäuer Kind. Drei große Bäche aus den höchsten Bergen, die Breitach, die Stillach und die Trettach, leisten Geburtshilfe, bis sich die Iller vor Oberstdorf auf den Weg macht und ein gutes Stück unterhalb von Memmingen das Allgäu verläßt. Zu Füßen der Burgruine Neukalden bei Altusried gelang ihr der Durchbruch. Einst waren kemptische Dienstmannen hier die Herren, ehe 1384 die Rothensteiner und später die Pappenheimer die Burg einnahmen, von der nur noch ein sanierter Rundturm blieb. Die alte Wehranlage aus dem 12. Jahrhundert stand ursprünglich ein Stückchen nördlich des Orts auf einer Nagelfluhrippe, sie wurde jedoch wegen Abrutschgefahr aufgegeben. Denn etwa 80 Meter tiefer nagte die Iller gar kräftig an den hellen Felswänden, um sich dann endgültig den Weg ins Flachland zu bahnen. Heute liegt die Flußschleife träge da, zurückgestaut und mit verloren wirkenden Häusern an ihren Ufern vor dem eindrucksvollen Landschaftsprofil.

Ein Durchbruch ganz anderer Art gelang den Altusrieder Laiendarstellern – inzwischen 400 bis 500 an der Zahl – mit den weithin bekannten Allgäuer Freilichtspielen. Seit 1847 werden sie im Fünfjahresrhythmus aufgeführt und beschäftigen sich mit historischen Themen wie dem Bauernkrieg im Allgäu, Andreas Hofer oder Wilhelm Tell, Freiheitshelden und -geschichten also, die auf der malerischen Freilichtbühne am Riedbach, der größten Süddeutschlands, im Juli und August, das nächste Mal 1999, Auferstehung feiern.

## »Käs'kuche« und Hofkäserei

Einundzwanzig genossenschaftliche Käsereien gab es früher in Wiggensbach. Grund genug, wenigstens eine davon der Nachwelt zu erhalten. Im Keller des Informationszentrums »WIZ« gleich bei der Kirche richteten die Gemeinde, Käsermeister Josef Boneberg und fleißige Helfer des Verkehrsvereins eine komplette Käseküche ein. Alles, was zum Käsen

**EXTRA-TIP**

*Im »Freizeit- und Miniaturpark Allgäu« in Weitnau-Hofen sind auf einer 1,8 km langen Strecke ständig 85 Züge im Einsatz. Sie kurven durch eine maßstabsgerechte, über-*

*dachte Miniaturlandschaft vom Bodensee bis zum Nordseestrand. 200 berühmte Bauwerke laden zur Weltreise »en miniature« ein. Zur Eisenschmiede 1–3, Tel. 0 83 75/ 16 07, Ende März–Anfang Nov. tgl. 9.30–18 Uhr*

**Traditioneller Bauernhof bei Wiedemannsdorf am Großen Alpsee**

**Herausgeputzt: Immenstadts Marienplatz mit Rathaus**

**EXTRA-TIP**

*Südlich von Waltenhofen, eingebettet in liebliche Moränenhügel, erstreckt sich der Niedersonthofener See, ein Kleinod zum Segeln*

*und Surfen, das man in etwa 3 Std. auch umwandern kann. Badeplätze gibt es in Oberdorf, Niedersonthofen und Memhölz/Insel. Und Max Bertele verleiht die Boote, um das kühle Naß auch mit Paddeln erobern zu können. Memhölz 32 3/4, Tel. 0 83 79/8 81*

**Martinszell: Schwarze Madonna in St. Martin**

gebraucht wird, ist in Originalgerätschaften vorhanden: Milchtafel und Waage, Milchstotzen, zwei große Kupferkessel, ein hölzernes Butterfaß, Salzbad sowie Lager und Reifekeller. Hier wird leider nicht mehr gekäst, doch wie das Ganze abläuft, läßt sich im nahen Weiler Schwarzachen erleben. In der Hofkäserei verarbeitet Jungbauer Thomas Haggenmüller rund 600 Liter hauseigene Kuhmilch zu Bauern- und Tiroler Käse, Alpkäse, Käsetorten und Hartkäse. Im Lager, in dem bis zu 800 Dreikilolaibe Platz finden, dürfen die Schmankerl dann Wochen oder Monate reifen, bevor sie auf dem Bauern- und Wochenmarkt in Kempten verkauft werden. Der 800 Jahre alte Ort selbst und seine zahlreichen Weiler und Höfe haben ihren ländlichen Charakter noch immer bewahrt. Im Zentrum der Dorfschönheiten steht ein Kleinod der Rokokobaukunst, St. Pankratius direkt am Marktplatz.

## Riesiges Planschbecken

Schon sehr früh wurde die Gegend bei Immenstadt besiedelt. Zu Römerzeiten führte hier die Militärstraße »Via Decia« vorbei. 1360 erhob Kaiser Karl IV.

**Naturschutzgebiet der Sonderklasse: Der Eistobel**

»Immendorf« zu »Immenstadt«. Der Dreißigjährige Krieg brachte Leid und Elend über die Stadt. Nur sehr langsam erholte man sich von den Kriegsfolgen. Den fleißigen Bürgern gelang es jedoch, Immenstadt im 18. Jahrhundert zum Zentrum der Allgäuer Leinenweberei zu machen. Der wiedererlangte Wohlstand jener Zeit läßt sich an den prächtigen Fassaden heute noch ablesen.

Im Herzen von Immenstadt, der einstigen Residenz der Grafen von Montfort und Königsegg, glaubt man sich an warmen Sommerabenden auf eine italienische

Landschaft bei Untermaiselstein: Zwischen Rettenberg und Immenstadt liegt das Urlaubsgebiet am Grünten

Zünftig feiern: Blaskapelle in Maierhöfen

Piazza versetzt. Umrahmt vom Renaissanceschloß aus dem 16. Jahrhundert, Brunnen, Boutiquen und Restaurants sowie im Angesicht des Rathauses, spielt sich südländisch anmutendes Freilufttheater ab. Mittelpunkt des Marienplatzes ist die Mariensäule, 1773 von Johann Richard Eberhard geschaffen, der 1988 ein Brunnen angefügt wurde. Der Aachener Bildhauer Bonifaz Stirnberg verzierte ihn mit Symbolfiguren des Immenstädter Handels und Handwerks, der Industrie, der Alp- und Landwirtschaft.
In unmittelbarer Nähe schaut der mächtige Zwiebelhaubenturm der Pfarrkirche St. Nikolaus auf den Platz. Ursprünglich war sie gotisch, doch Böllerschüsse verursachten einen Brand, woraufhin das Gotteshaus zu Beginn des 18. Jahrhunderts barock erneuert wurde. In der Ölbergkapelle daneben hat man Ton- und Holzfiguren aus der Erbauungszeit um 1760 und dem 19. Jahrhundert zu einer ausdrucksvollen Gruppe zusammengestellt.
Hauptattraktionen der einstigen Freien Reichsstadt dürften jedoch der größte natürliche See des Allgäus, der Große Alpsee, und das herrliche Schwimmbad am Kleinen Alpsee sein. Ein hübscher Fuß- und Fahrradweg, der ausgeschilderte »Badeweg«, führt vom Festplatz nahe dem Bahnhof zu beiden Gewässern. Am Großen Alpsee sind die Wassersportler voll in ihrem Element, Segler und Windsurfer vor allem, denn meist weht eine angenehme Brise durch das langgestreckte Tal. Motorboote sind nicht zugelassen, dafür gibt es gleich in Bühl einen Verleih für Ruder- und Tretboote, entlang der Uferpromenade einen freien Badeplatz und noch ein Stückchen weiter das gepflegte Hauser-Strandbad.

**EXTRA-TIP**

*An der »alten« B 12 führen zwischen Wengen und Kleinweiler-Hofen eine Straße und Wanderwege hinauf zur Ruine Alttrauchburg. Die Festung*

*aus dem 11. Jh. wurde mit viel Liebe vor dem Verfall gerettet. Tafeln erklären ihre Geschichte. In der Gaststätte daneben gibt es heiße »Seelen«, eine Brotspezialität. Tel. 0 83 75/80 46, Apr.–Okt. tgl. 10–22 Uhr, untere Preisklasse*

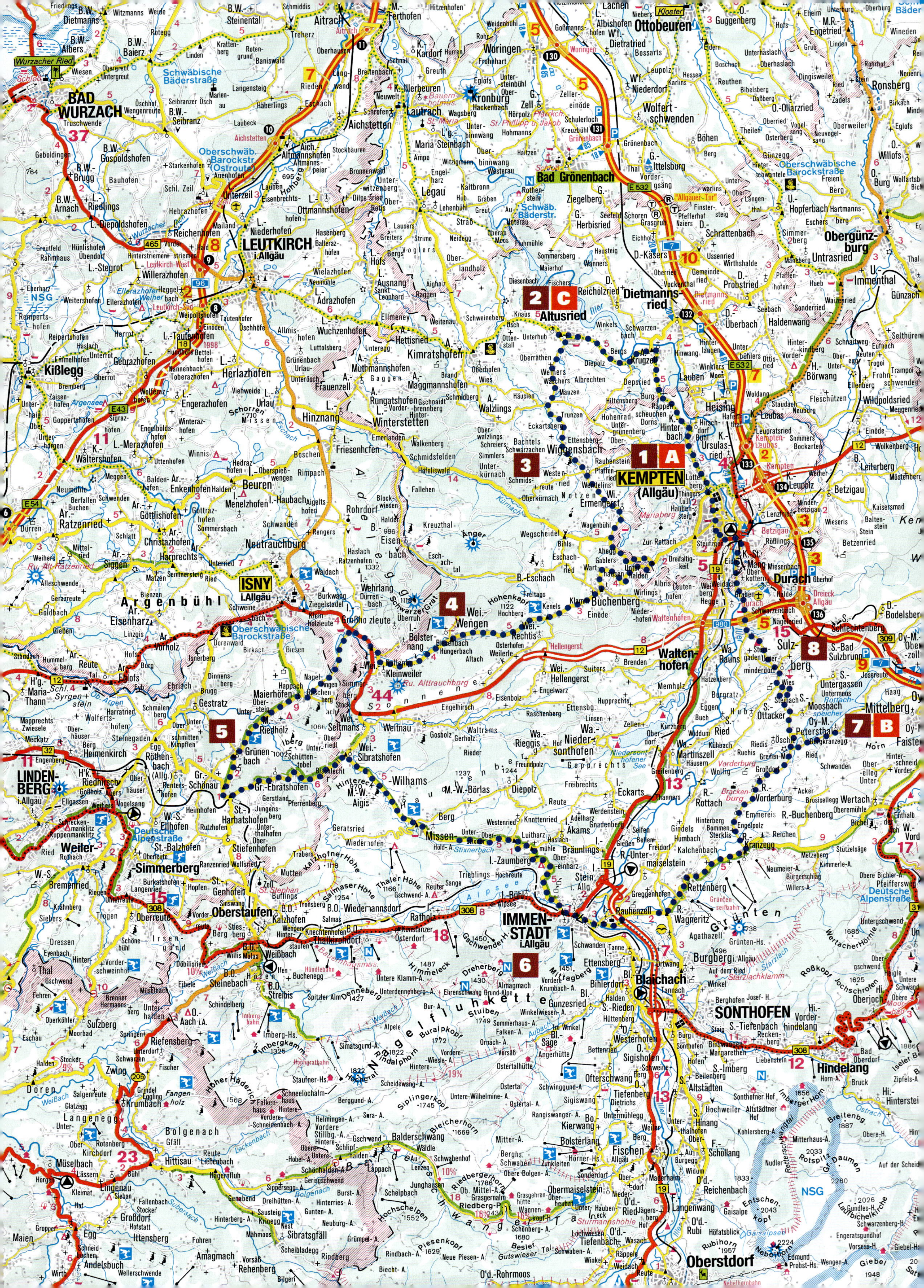
BAD WURZACH
Wurzacher Ried
LEUTKIRCH i.Allgäu
Kißlegg
Aichstetten
Legau
Bad Grönenbach
Ottobeuren
Woringen
Kronburg
Dietmannsried
Altusried
2 C
Wiggensbach
KEMPTEN (Allgäu)
1 A
3
4
5
6
7 B
8
Durach
Sulzberg
Waltenhofen
Buchenberg
ISNY i.Allgäu
Argenbühl
Neutrauchburg
LINDENBERG i.Allgäu
Weiler-Simmerberg
Oberstaufen
IMMENSTADT i.Allgäu
Alpsee
Missen
Wertach
Blaichach
SONTHOFEN
Hindelang
Fischen
Oberstdorf
Balderschwang
Hittisau
Sibratsgfäll
Obergünzburg
Untrasried
Nagelfluhkette
Oberschwäbische Barockstraße
Schwäbische Bäderstraße
Deutsche Alpenstraße
Oberschwäbische Barockstraße
Wildpoldsried
Betzigau
Oy-Mittelberg
Rettenberg
Burgberg
Adelegg
NSG

## SEHENSWERTES

Die **Autotagestour** verläuft von Kempten zunächst in nördlicher Richtung nach Altusried und dann über Wiggensbach zum Eistobel bei Maierhöfen. Weiter schlängelt sich der Weg durchs Missener Tal zum Großen Alpsee. Über Immenstadt und Sulzberg geht es zurück.

### KEMPTEN ★★

**1** Der ursprüngliche Name der Stadt, »Cambodunum«, geht auf die Kelten zurück. Spannend ist die Hinterlassenschaft der Römer im »Archäologischen Park Cambodunum« sowie im Römermuseum im Zumsteinhaus. Nach der Besichtigung der Prunkräume in der Residenz, der Alpenländischen Galerie, des Alpinmuseums und der 1652 begonnenen Lorenzbasilika gelangt man zur gotischen St.-Mang-Kirche. Das Ponickauhaus besitzt das schönste Treppenhaus der Stadt aus spätbarocker Zeit. Vor der malerischen Fassade des Rathauses kann man sich in einem der Straßencafés entspannen.
*Kostenlose Stadtführung jeden Sa 11 Uhr und nach Absprache, Tel. 08 31/2 52 52 37, Treffpunkt: Aufgang zur Burghalde*

### ALTUSRIED ★

**2** Nördlich von Kempten, auf einer Anhöhe gelegen, wartet das 1180 erstmals erwähnte Altusried in fünfjährigem Turnus mit den »Allgäuer Freilichtspielen« auf (das nächste Mal 1999). Eindrucksvoll sind die Burgruine Kalden und der Blick auf den Illerdurchbruch.

### WIGGENSBACH ★

**3** Die 1771 von Johann Georg Specht erbaute Pfarrkirche St. Pankratius zählt zu den schönsten Gotteshäusern der Gegend. Freskomaler war der Kemptener Franz Joseph Hermann. Nebenan, im Wiggensbacher Informationszentrum (WIZ), gilt es eine original eingerichtete »Käskuche«, die Puppengalerie Ruth Treffeisen und das Heimatmuseum zu besuchen.
*Kempter Str. 3, Tel. 0 83 70/84 35, Mo–Fr 9–12 Uhr, Mo auch 14–17 Uhr, Heimatmuseum auch So 10–12 und 14–16 Uhr, Puppengalerie auch Mi und Do 16–19 Uhr*

**Festung auf beherrschender Höhe: Ruine Sulzberg**

### EISTOBEL★★

**5** An der Argentobelbrücke südlich von Maierhöfen geht es hinunter in ein Naturschutzgebiet der Sonderklasse, den Eistobel. Der Weg durch die 3 km lange Schlucht mit bis zu 50 m hohen Sandsteinwänden, Nagelfluhbrocken, Strudellöchern und Wasserfällen ist ein Gang durch die Entstehungsgeschichte der Region. Mit etwas Glück lassen sich Wasseramseln, Eisvögel und der schwarze Alpensalamander entdecken. An den Hangquellsümpfen wachsen streng geschützte Orchideenarten wie der Frauenschuh, im Sommer öffnet der Türkenbund seine süßduftenden Blüten.
*Tel. 0 83 83/9 80 40, Mai–Okt. tgl. 8–18 Uhr, Nov.–Apr. auf eigene Gefahr*

### IMMENSTADT ★

**6** Beliebter Treffpunkt Immenstadts ist der Marienplatz, eine richtige »Piazza«, die vom einstigen Stadtschloß dominiert wird. An der Südseite steht das Rathaus von 1649 und in der Mitte die Mariensäule. Attraktionen sind der Kleine Alpsee mit schönem Schwimmbad sowie der Große Alpsee, ein Paradies für Wassersportler. Der bequeme Sessellift auf den 1451 m hohen Mittag erschließt Wanderwege ins Steigbach- und Gunzesrieder Tal oder über die Nagelfluhkette bis zum Hochgrat. Von der Geschichte der alten gräflichen Residenz erzählt das Heimatmuseum in der historischen Hofmühle.
*An der Aach 14, Tel. 0 83 23/36 63, Di/Mi 14–17 Uhr, Do 17–20 Uhr, Fr 9–11 Uhr, Sa 10–12 Uhr*

### PETERSTHAL ★

**7** Am 4,8 km langen und fast 1 km breiten Rottachstausee entstanden schöne Freizeitanlagen zum Baden, Segeln und Surfen. Kostenlose Gruppenführung zu den technischen Anlagen, *Tel. 0 83 76/7 38.*
Der gotische Palmesel aus dem frühen 14. Jh. in der Petersthaler Kirche gehört zu den ältesten erhaltenen Darstellungen dieses Themas überhaupt.

### SULZBERG ★

**8** Südlich des Orts liegt die größte Burgruine des Oberallgäus. Sie war Sitz des 1176 erstmals nachgewiesenen Rittergeschlechts »Sulziberc«. Im 24 m hohen Bergfried ist ein Burgmuseum untergebracht (mit Aussichtsplattform).
*Tel. 0 83 76/9 20 10, nur mit Führung, Mai–Nov. So/Fei 13.30–16.30 Uhr (außer bei Regen), Ruine frei zugänglich*

## WANDERN UND RADWANDERN

**A** Start der **Fahrradtour** ist am Stadtweiher südwestlich von Kempten. Entlang der B12 Richtung Lindau den Schildern »Radwanderweg Allgäu« folgen und auf der stillgelegten Bahnstrecke stetig bergauf zum Herrenwieser Weiher, nach Ermengerst und Buchenberg. Hinter Schwarzerd durch ein waldreiches Moorgebiet zum höchsten Punkt radeln. Den Radwanderweg nach der Autobahnunterführung verlassen und geradewegs hinauf nach Hellengerst. Dann links hinab zum Gasthaus »Waldhäusle« und über Rohr nach Waltenhofen. An der Kirche vorbei nach Fischen, Hegge und Kempten. Auf dem »Radwanderweg Allgäu« wieder zurück.
*Strecke: 37 km, Dauer: ca. 2,5 Std.*

**B** Zur vierstündigen **Wanderung** um den Rottachstausee bei Petersthal sollte man ein Fernglas zur Tierbeobachtung und eine Badehose mitnehmen. Der ausgeschilderte Seerundweg verführt mit herrlichen Ausblicken auf das Hochgebirge.

**C** Ein einstündiger **Spaziergang** führt am Nordende von Altusried zur Ruine Kalden mit Blick auf die Schleife und die rund 80 m hohen Durchbruchswände der Iller.

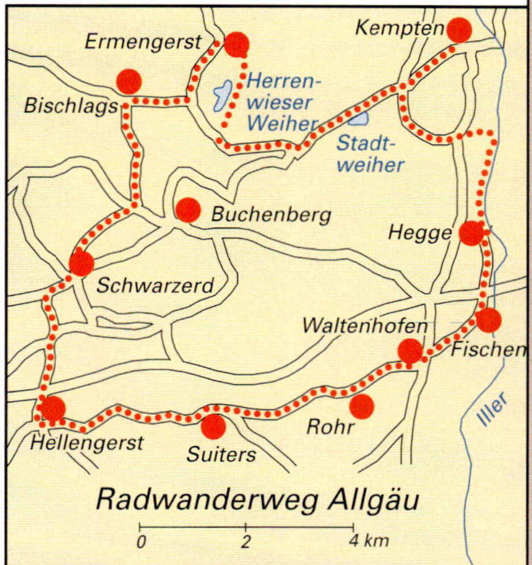


## ESSEN & TRINKEN

### WENGEN

**4** Im Gasthof »Engel« sollte man unbedingt Lamm mit Spätzle und Bohnen probieren. Das Fleisch stammt aus der eigenen Schafherde. Die Karte bietet außerdem regionale Küche.
*Alpe-Egg-Weg 2, Tel. 0 83 75/3 17, Mi–Mo 8–23 Uhr, Nov.–Mitte März Mi ab 16 Uhr, Do–Mo 8–23 Uhr, 15 Zimmer, untere–mittlere Preisklasse*

### IMMENSTADT

**6** Das Café-Restaurant »Zur Alten Schmiede« im Ortsteil Bühl liegt direkt am Großen Alpsee. Gutbürgerlich wird gekocht, viele kommen extra der knusprigen Schweinshaxe wegen.
*Badeweg 33, Tel. 0 83 23/15 22, Mai–Okt. tgl. 9–1 Uhr, Dez.–Apr. Fr–Mi 9–1 Uhr, mittlere Preisklasse*

*Auf das Jahr genau läßt es sich nicht sagen, wie alt das »Bären«-Haus in Altusried ist. Doch schon im 16. Jh. spielte es im Salzhandel eine wichtige Rolle, und im 17. Jh. wurde daraus eine Wirtschaft. Im schön bemalten Traditionsgasthof werden die Gäste nicht nur mit heimischer und internationaler Küche, sondern auch mit Vollwertkost und Eintöpfen wie bei*

*Muttern verwöhnt. Hauptstr. 20, Tel. 0 83 73/3 33, Mi–So 10–1 Uhr, mittlere Preisklasse. Ein Teil des Gebäudes ist für das »Haus des Gastes« und für ein kleines Flachs- und Käsemuseum reserviert. Hauptstr. 18, Tel. 0 83 73/70 51, Mo–Mi, Fr 9–12 Uhr und Do 15–18 Uhr*

SPECIAL

# Der Viehscheid – Ende des Alpsommers

**Blumen und Tannengrün werden zu Kränzen geflochten – der Alpsommer ist vorbei. Der Senn räumt die Hütte auf, macht sie winterfest, schmückt die Leitkuh und seine besten Tiere, dann tauscht er die leichten Weideschellen gegen die wertvollen Zugglocken aus. Nun kann der Alpabtrieb beginnen. Im Tal steigt ein großes Fest mit Bierzelt und Blasmusik: Mensch und Tier sind glücklich zurückgekehrt ins Dorf. Der Viehscheid gehört zu den Höhepunkten Allgäuer Brauchtums. Er wird jedes Jahr zwischen der ersten und dritten Septemberwoche gefeiert. Die größten und schönsten Alpabtriebe finden in Gunzesried, Hindelang, Immenstadt, Maierhöfen, Obermaiselstein, Oberstaufen, Oberstdorf, Pfronten, Schöllang, Weitnau und Wertach statt.**

**1** Die Rinder, die den Sommer auf der Alpe verbringen, wie hier auf dem Nebelhorn, gelten als besonders gesund und erzielen beim Verkauf einen hohen Preis.

**2** Nur wenn in der Alpsaison kein Tier zu Schaden gekommen ist und auch auf dem Heimathof kein Unglück geschah, wird mit Blumen und Nadelbaumzweigen »aufgekranzt«.

**3** Rund 30 000 Stück Vieh werden im Allgäu jedes Jahr zu Tal getrieben. Tiere und Hirten leisten dann Schwerstarbeit. Mitunter kann der stolze Marsch bis zu 30 km lang sein.

**4** Der Leit- bzw. Kranzkuh steht ein besonders schöner Kopfschmuck zu. Die »Älpler« schmükken sich ebenfalls – mit Blumen an ihren Hüten. Jetzt kann's losgehen.

**5** Sobald die bunte Schar naht, bricht ein Teil der Dorfbewohner auf, um sie beim Einzug in den Ort zu begleiten. Und manchmal geht ihr sogar die Blaskapelle ein Stück entgegen.

**6** Nach dem Abtrieb »scheidet« der Meisterhirte das Vieh nach Hofzugehörigkeit und gibt es seinen jeweiligen Besitzern zurück.

**7** In Hindelang werden kostbare Zugglokken, im Allgäu »Bumbla« genannt, unter den Hirten und Sennen im Bierzelt verlost.

**8** Während sich die Tiere am Scheidplatz ausruhen, gönnen sich die »Bergler« gemeinsam mit den Dorfbewohnern eine Maß im Festzelt.

2

3

4

6

7

8

Der Name täuscht: Auf dem Nebelhorn gibt es auch nicht mehr Nebel als auf anderen Bergen. Im Gegenteil: Seiner herrlichen Aussicht wegen ist der Gipfel seit Jahren ein beliebtes Ausflugsziel. Eine Seilbahn bringt Sonntagsausflügler, »Gratwanderer«, Gleitschirm – und Drachenflieger von Oberstdorf aus ganzjährig nach oben.

# Bergregion Oberallgäu

Schroffe Bergspitzen ragen aus dem Nebelmeer, stechen ins stahlblaue Firmament. Plötzlich reißt die Nebeldecke auf, gibt den Blick frei auf liebliche Täler und Spielzeugorte mit roten Dächern und spitztürmigen Kirchen – ein Herbsttag auf dem Fellhorn zwischen Oberstdorf und Kleinwalsertal. Das Land zwischen Grünten, Hochvogel und Widderstein gehört unzweifelhaft zu den schönsten deutschen Ferienlandschaften, inzwischen auch zu den umweltbewußtesten: Aus Oberstdorf hat man die Autos verbannt, Hindelang heimst für seinen »sanften Tourismus« eine Medaille nach der anderen ein, und auf den Alpen wird von alters her eine naturnahe Landwirtschaft betrieben. Ein guter Boden für die Produkte der Region, die frisch von der Weide auf dem Teller landen. Ferienland in Bauernhand – im Oberallgäu kein leerer Werbeslogan, sondern facettenreiche Wirklichkeit.

*An den Alphütten führt kaum ein Weg vorbei. In den zumeist bewirtschafteten Berggasthöfen (wechselnde Öffnungszeiten!) können Wanderer ihren Ausflug mit einer zünftigen Brotzeit krönen oder das Mitgebrachte verzehren. Das Angebot ist nicht groß, dafür kommen Milch und Käse, wie auf der*

*Dietersbachalpe im Gerstrubner Tal bei Oberstdorf, in der Regel aus der eigenen Landwirtschaft. Weiter südlich, auf der über 300 Jahre alten Breitengehrenalpe im Rappenalptal, schneidet Senn Peter Schmid seinen preisgekrönten Bergkäse für Gäste auf.*

Blumenpracht hinterm Bretterzaun: Dorfidylle in Hinterstein

Auf Berghängen zu Hause: Die Kühe von Hindelang

»Ökomodell Hindelang«: Frauen bei der Heuernte

**EXTRA-TIP**

*Gleich hinter dem Oberjoch beginnt das seit dem 15. Jh. zu Tirol gehörende Tannheimer Tal.*

*Die von eindrucksvollen Gipfeln eingefaßte Tallandschaft läßt sich zu Fuß, mit der Pferdekutsche oder dem Autobus erkunden. Zu den Höhepunkten zählt die Fahrt mit dem Sessellift von Tannheim aufs Neunerköpfle und die anschließende Wanderung zur Landsberger Hütte. Tel. 00 43/56 75/ 62 82, Mitte Mai–Mitte Okt., Übernachtungsmöglichkeit*

Ein Stück wilde Natur: Starzlachklamm bei Sonthofen

Der Duft frisch gemähten Grases, sprudelndes Wasser direkt aus Quellbächen, das Rauschen der Bäume im Bergwald oder das vertraute Bimmeln der Kuhglocken – im Oberallgäu scheint die Welt noch in Ordnung, hier kann der streßgeplagte Mensch den Alltag hinter sich lassen und tief durchatmen. Auf den mageren Böden der Buckelwiesen im Tal und auf den Alpweiden leuchten Blumen im Wechselspiel der Farben, Heilkräuter verleihen dem Viehfutter gesunde Würze.

## Heu ist mehr als trockenes Gras

In den Bergen um Hindelang, sagt man, blühen die schönsten Wiesen Deutschlands. Nicht von selbst: Generationen von Bergbauern haben diese Kulturlandschaft geschaffen, und die meisten der heutigen Nachkommen sind gewillt, durch naturnahe Bewirtschaftung ihrer Höfe das kostbare Erbe für ihre Kinder zu bewahren. Mit großem persönlichem Einsatz bestellen sie Alpen, Wiesen, Weiden und ertragarme Steilhänge – und sorgen so dafür, daß die schwierig zu bearbeitenden Flächen nicht verbuschen und dadurch für immer verlorengehen. 86 der noch aktiven 87 Bergbauern haben sich im Herbst 1992 auf Initiative der Gemeinde zu einem Verein zusammengeschlossen, der Landwirtschaft, Naturschutz und Tourismus harmonisch miteinander verbinden helfen soll: »Hindelang – Natur und Kultur«. Das ambitionierte Gesamtkonzept hat den Mitgliedern des Vereins 1995 den Umweltpreis der Arbeitsgemeinschaft Alpenländer eingetragen – und die örtlichen Wirte auf eine ungewöhnliche Idee gebracht: Kochen mit Heu. Echtes Bergheu von Wiesen, auf denen 70 bis 80 verschiedene Gräser und Kräuter wachsen, steigert das Wohlbefinden ungemein, fanden Lebensmittelforscher jüngst heraus. Seither zaubern die Küchen-

Von Kirchenvätern flankiert: Hochaltar in der Sonthofener Stadtpfarrkirche

In Reih und Glied: »Heuhocken« im Ostrachtal

Altes Handwerk: Hammerschmiede in Wertach

chefs des Alpengasthofs »Krone« in Hindelang-Unterjoch sowie im »Hotel Mohren« in Oberstdorf aus getrocknetem Gras Köstlichkeiten auf den Teller. Der Begriff »Heuwirte« wurde zum eingetragenen Markenzeichen, und immer mehr Gastronomen schließen sich diesem Trend an.

## Ökomodell Hindelang

Überhaupt ist Hindelang mit seinem seit über zehn Jahren bestehenden Ökomodell ein Vorreiter in Sachen umweltschonende Naturnutzung: Der private Autoverkehr wurde zugunsten der öffentlichen Verkehrsmittel weitgehend eingeschränkt, in den Beherbergungsbetrieben sind Marmeladen- und Hotelbutterpäckchen fast völlig verschwunden, und das Fleisch stammt aus artgerechter Tierhaltung. Der völlige Verzicht auf den Einsatz von Kunstdünger, die Beschränkung auf maximal eine Kuh pro Hektar und strenge Kontrollen garantieren die gleichbleibend hohe Qualität der einheimischen Produkte. Für ihren Absatz – und wirtschaftlich gesunde Höfe – sorgt ein Direktvermarktungssystem, das sich von den großen Agrarstrukturen weitgehend abgekoppelt hat. Der Urlauber dankt's, indem er immer wieder kommt, durch die mit dunkellila Akelei übersäten Wiesen bei Hinterstein wandert, auf dem Lehrpfad durchs Hochmoor am Oberjoch spaziert oder seine Bergstiefel schnürt, um hinaufzusteigen: zur Käsebrotzeit auf die Ochsen- oder die Willersalpe, zu den idyllischen Alpen im Obertal oder auf den Iseler und den stolzen, 2593 Meter hoch aufragenden Hochvogel. Ein Schmankerl für anspruchsvolle Bergsteiger ist – wie der Mindelheimer Klettersteig südlich von Oberstdorf – der Hindelanger Klettersteig. Letzterer verläuft vom Breitenberg übers Daumenmassiv zum Nebelhorn – oder umgekehrt; in diesem Fall nimmt die Nebelhornbahn Wanderern den ersten schweißtreibenden Anstieg ab.

## »Wächter des Allgäus«

Wie von der Bergkette losgelöst und ins Voralpenland geworfen liegt er da – der »Wächter des Allgäus«: Seine Majestät der Grünten. Sein 1738 Meter hoher Gipfel mit dem langen Sendemast will zu Fuß erobert sein. Eine bequemere Möglichkeit wählte vor über zweihundert Jahren der Augsburger Fürstbischof Clemens Wenzeslaus: Er ließ sich auf den Berg tragen. Doch diese Zeiten sind vorbei. Eine

**EXTRA-TIP**

*Zwei Gründe sprechen für einen Abstecher in den Hindelanger Ortsteil Hinterstein: die Spinatspatzen im*

*Gasthof »Grüner Hut« und das nur 15 Minuten Fußmarsch entfernte Kutschenmuseum. In dem unscheinbaren Stadel präsentiert der frühere Malerlehrling und jetzige Theologe Martin Weber Schlitten und Kutschen, lebensecht wirkende Puppen und ausgestopfte Tiere in ungewöhnlicher Atmosphäre. Tgl. 8–20 Uhr, Grüner Hut, Talstr. 97, Tel. 0 83 24/ 20 85 und 20 86, tgl. 8–20.30 Uhr, mittlere Preisklasse, 18 Zimmer*

Bauernhof und Kapelle im Gerstrubnertal bei Oberstdorf, im Hintergrund die Höfats

Gipfel mit Weitblick: Das Fellhorn bei Oberstdorf

**EXTRA-TIP**

*Aus dem Haus des Oberstdorfer Skispringers Max Bolkart ist das Edelrestaurant »Maximilians« geworden. Fisch und Krustentiere spielen im*

*kirschbaumgetäfelten Gourmettempel die Hauptrolle: Lachs-Seezungen-Terrine, Seeteufel oder Babyhummer auf hausgemachten Nudeln mit schwarzen Trüffeln. Freibergstr. 21, Tel. 0 83 22/9 67 80, tgl. ab 17.30, So/Fei auch 12–14 Uhr, Mai und Nov. jeweils drei Wochen geschlossen, obere Preisklasse, 8 Ferienwohnungen*

Elektrisch beleuchtet: Sturmannshöhle bei Obermaiselstein

Majestät war es auch, Ludwig II. nämlich, die dem Dörfchen Wertach an den nördlichen Ausläufern des Grünten anno 1872 höchstpersönlich das Ortswappen verlieh – eine Auszeichnung, die verpflichtete.
Zwei Jahre später erfand ein Brüderpaar die Wertacher Spezialität: den Weißlacker-Käse. Eigentlich wollten Josef und Anton Kramer einen Limburger zubereiten. Da er jedoch zu wäßrig und salzig geriet, stellten sie ihn in den hintersten Winkel; wegwerfen wollten ihn die beiden Brüder – sparsam, wie Schwaben nun einmal sind – auch nicht. Im Frühjahr 1875 gelang es, den streng riechenden Käse einem Großhändler mit gehörigem Rabatt aufzuschwatzen. Und siehe da: Die Neuschöpfung kam an, eine Köstlichkeit war geboren.
Auch auf der anderen Seite des Grünten wurde Käsegeschichte geschrieben: Im Jahr 1828 produzierte der Schweizer Senn Johann Althaus in Blaichach den ersten Emmentaler – eine Gedenktafel in der Pfarrer-Walser-Straße erinnert an diese denkwürdige Tat. Heute werden von der durchschnittlich 70 Kilogramm schweren Allgäuer Spezialität im Jahr über 40 000 Tonnen hergestellt. Bis zu 150 000 Liter

Berge, Wiesen, Kühe – Allgäuer Dreiklang bei Fischen

Milch verarbeiten die Emmentaler-Käsereien täglich; würde man alle Laibe übereinanderstapeln, entstände ein Turm so hoch wie das Ulmer Münster.

## Maskenspiel und Feuerzauber

Sonthofen, malerisch zwischen Iller und Ostrach gelegene Kreisstadt des Oberallgäus, sollte man zur Fasnachtszeit besuchen. Aus grauer Vorzeit haben sich im südlichsten Städtchen Deutschlands traditionelle Bräuche bis in unsere Tage erhalten. Zu den eindrucksvollsten – und ältesten – zählt das Egga-Spiel, das heidnischen Ursprungs ist und von den Mitgliedern des Sonthofener Heimatdienstes im

Oberstdorf – die südlichste Gemeinde Deutschlands

Imposant: Stuibenfall im Oytal bei Oberstdorf

Dreijahresrhythmus (das nächste Mal wieder 2000) aufgeführt wird: 17 vermummte Burschen inszenieren den Kampf des Menschen mit der Natur. Ein stummes und gerade deshalb so fesselndes Spektakel – und eine lebendige Einführung in heidnische Vorstellungswelten. Wenn am ersten Sonntag nach Fasnacht die Masken längst wieder im Heimathaus hängen und die Funkenfeuer entzündet werden – große, auf Hügeln und Bergen errichtete Holzstöße, deren Feuer den Winter vertreiben helfen soll –, umgibt Sonthofen ein mystischer Lichterkranz. Rotglühende, funkensprühende Hitzezungen lecken in den Himmel – eine gespenstische Szenerie, die jedes Jahr aufs neue jung und alt, Einheimische und Urlauber in ihren Bann zieht.

## Wo Almen Alpen heißen

Besonders im oberen Illertal und seinen verzweigten Hochtälern führen Bergbauern die Tradition der Alpwirtschaft fort. Im Gegensatz zum oberbayerischen Raum, in dem vor allem »Galtvieh« – das sind Tiere, die keine Milch geben – aufgetrieben wird, gibt es im Allgäu noch zahlreiche Sennalpen mit Milchviehhaltung und Käseküchen. Oft besitzen die Alpen die »kleine Alpkonzession«, das heißt: sie dürfen Brotzeiten und Getränke, manchmal auch kleine Gerichte, an Wanderer abgeben. Komfort ist auf solchen Alpen nicht zu erwarten, dafür schmecken Butter, Käse, Milch oder das Speckbrot nirgendwo besser als vor der Alphütte im Angesicht des einmaligen Hochgebirgspanoramas. Besonders leicht zu erreichen sind die Alpen in den Oberstdorfer Seitentälern: die Untere Gutenalpe im Oytal, die Gerstrubneralpe sowie die Alpe Oberau im Trettachtal, die Alpe Eschbach und die Breitengehrenalpe im Stillach- bzw. Rappenalptal, außerdem vom Kleinwalsertal aus die Melköde im Schwarzwassertal, die Alpen im Gemstel- und die Wiesalpe im Wildental.

## Kuhtreiben in Oberstdorf

Wie in alten Zeiten! Noch immer werden mitten durch Oberstdorf Kühe getrieben – und das täglich: frühmorgens, wenn Nebel auf den Feldern liegt, und abends, wenn die Sonne hinter den Bergspitzen versinkt. Trotz all des Urlauberrummels und technischen Fortschritts hat sich die Marktgemeinde ihren dörflichen Charakter bewahrt. Und man ist stolz darauf – bewirtschaften doch die Landwirte rund 5000 Hektar Grasland, Wiesen und Weiden und leisten damit einen entscheidenden Beitrag zur Erhaltung des Landschaftsbildes. Nur auf dem Neun-Loch-Golfplatz am südlichen Ortsrand weidet kein Vieh. Wie Hindelang wurde auch Oberstdorf mit Umweltme-

**EXTRA-TIP**

*Jeden Freitag wird gesägt: 400 Jahre alt ist die Säge der*

*Fischener Obermühle und damit die älteste im Allgäu. Nach aufwendigen Restaurierungsarbeiten wurde sie 1985 wieder in Betrieb genommen. Interessierten Besuchern erklärt der »Säger Hans« gegen ein kleines Entgelt das ganze Drumherum. Bei der Abzweigung »Kurhaus Fiskina« zum Parkplatz 3 und das Sträßchen entlang bis zur Mühle fahren. Frühling–Herbst Fr 17.30 Uhr*

Wenn die Alpenrosen blühen: Das Fellhorn im Juni

Wanderfreuden im Kleinwalsertal: Abstieg von der 2260 Meter

Begehbares Spektakel: Breitachklamm bei Tiefenbach

Das »Jüngste Gericht« in der Rohrmooser Holzkapelle

**EXTRA-TIP**

*Die Bergschule Kleinwalsertal bietet spannende Unternehmungen für alle Altersgruppen an. Das Spektrum reicht vom ungefährlichen Bergabenteuer für Kinder über Kletter-*

*grundkurse bis hin zu geführten Bergwanderungen. Da ist für jeden etwas dabei – für die Kleinen und die Großen, die Flachländer und die Hochalpinisten. Mittelberg-Bödmen, gegenüber vom Tenniscenter, Tel. 0 83 29/58 60, Mo–Fr. 17.30–19 Uhr, Sa/So 18–19 Uhr*

daillen ausgezeichnet: Seit August 1992 hat man den Individualverkehr aus der Innenstadt weitgehend verbannt und als weltweit erste Gemeinde völlig schadstofffreie Elektrobusse eingeführt. Der Strom stammt aus Bayerns größter kommunaler Solartankstelle und dem gemeindeeigenen Wasserkraftwerk Warmatsgund, das bis zu 40 % des gesamten Strombedarfs deckt.

## Flachs, Käse und Kapellen

Lebte die Oberstdorfer Bevölkerung, wie fast das gesamte Allgäu, früher vom Flachsanbau, begann um 1820 auch hier die Hartkäseherstellung. 1865 vernichtete ein Großbrand den größten Teil der historischen Bausubstanz. Stehen blieb ein Haus aus dem Jahr 1620, dessen Räume heute vom Heimatmuseum, einem der vielseitigsten Vertreter seiner Art, genutzt werden. Auf wunderschöne Illertaler Holzhäuser aus dem 17. und 18. Jahrhundert, fünf an der Zahl, stößt man im Weiler Gerstruben oberhalb des Trettachtales; zusammen mit der Marienkapelle wurden sie unter Denkmalschutz gestellt. Durch Oberstdorf und die zugehörigen Gemeinden führen drei historische Rundwanderwege zu bedeutenden Sehenswürdigkeiten, unter anderem zur malerischen Gruppe der drei Lorettokapellen, deren älteste, die Appachkapelle, aus dem Jahr 1493 stammt und wertvolle Wandgemälde aus dem 16. Jahrhundert besitzt. Einem Superlativ begegnen Wanderer im idyllischen Rohrmoostal: Die von Jakob Truchseß von Waldburg 1568 erbaute Holzkapelle St. Anna ist wohl einzigartig in Bayern; ihr zur Seite steht das gleichaltrige Gasthaus Rohrmoos, das erschöpften Ausflüglern kulinarischen Beistand leistet.

hohen Hammerspitze durchs Wildental nach Mittelberg

Kleinwalsertal: Typischer Walserhof mit breitem Satteldach und Holzgiebel

Paradies für Geologen und Wanderer: Das Gottesackerplateau am Hohen Ifen

Geselliger Alpinist: Das Murmeltier

## Der Pfarrer und der Höllenschlund

Neben der Starzlach, die sich am Fuß des Grünten eine enge Klamm in den Felsen gefressen hat, arbeitete auch die aus dem Kleinwalsertal kommende Breitach in die Tiefe – so stark, daß die 99 Meter hohen Türme der Münchner Frauenkirche unter dem Zwingsteg, der die Schlucht überspannt, Platz finden würden. Nur nicht in der Breite, denn die von Strudellöchern, Wassermulden und Abbruchstellen gezeichneten Wände rücken teilweise bis auf zwei Meter zusammen. Mehr als 100 000 Besucher zieht das in Mitteleuropa einmalige Naturwunder jedes Jahr in seinen Bann und durch die zweieinhalb Kilometer lange Schlucht, die sich im Winter in einen eiszapfenstarrenden Kristallpalast verwandelt. Rund 10 000 Jahre brauchte die Breitach, um sich durch den Schrattenkalkstock aus der Kreidezeit zu sägen, der ihr nach dem Abschmelzen der Würmeiszeitgletscher den Weg ins Illertal verschloß – gut ein Jahr nur benötigte der Tiefenbacher Pfarrer Johannes Schiebel, um eine waghalsige Mannschaft zu finden, die den Höllenschlund ab dem 4. Juli 1905 der Öffentlichkeit zugänglich machte.

## Wo Gäste sich die Kugel geben

Politisch gehört das Kleinwalsertal zu Österreich, wirtschaftlich seit 1891 jedoch zu Deutschland, und nur von dort aus ist es auch zu erreichen. Der 2536 Meter hohe Widderstein schließt die aus den drei Gemeinden Riezlern, Hirschegg und Mittelberg bestehende Enklave nach Süden hin, zu Bregenzerwald und Hochtannberg, ab. Im 13. Jahrhundert wanderten Bauern aus dem Schweizer Kanton Wallis in das 15 Kilometer lange Hochtal ein, in dem sich infolge jahrhundertelanger Abgeschiedenheit traditionelles Brauchtum und zahlreiche alte Walserhäuser bis heute erhalten haben. Heute erinnern nur noch die Ausstellungsstücke im Riezler Walsermuseum an das harte, entbehrungsreiche Leben, das ihre Nachfahren bis zum Aufkommen des Fremdenverkehrs führten. Aus den Bergbauern von einst sind Hotelbesitzer, Gastwirte und Skilehrer geworden; das Tal lebt fast ausschließlich vom Tourismus. Im 1972 eröffneten Spielcasino von Riezlern können risikofreudige Gäste in 1100 Meter Höhe sogar die Kugel rollen lassen. Wo gibt's das sonst noch?

**EXTRA-TIP**

*Schnitzer machen wir alle, schnitzen können die wenigsten. Wer die filigrane Kunst der »Holzveredelung« mit Messer und Hobel erlernen möchte, dem sei das Kleinwalsertal ans Herz gelegt: Der Mittelberger Holzschnitzer Georg Pfeiffer weiht Laien in die Geheimnisse des Holzschnitzens und der Holzbildhauerei ein Verkehrsamt, Walserhaus, Tel. 0 83 29/5 11 40*

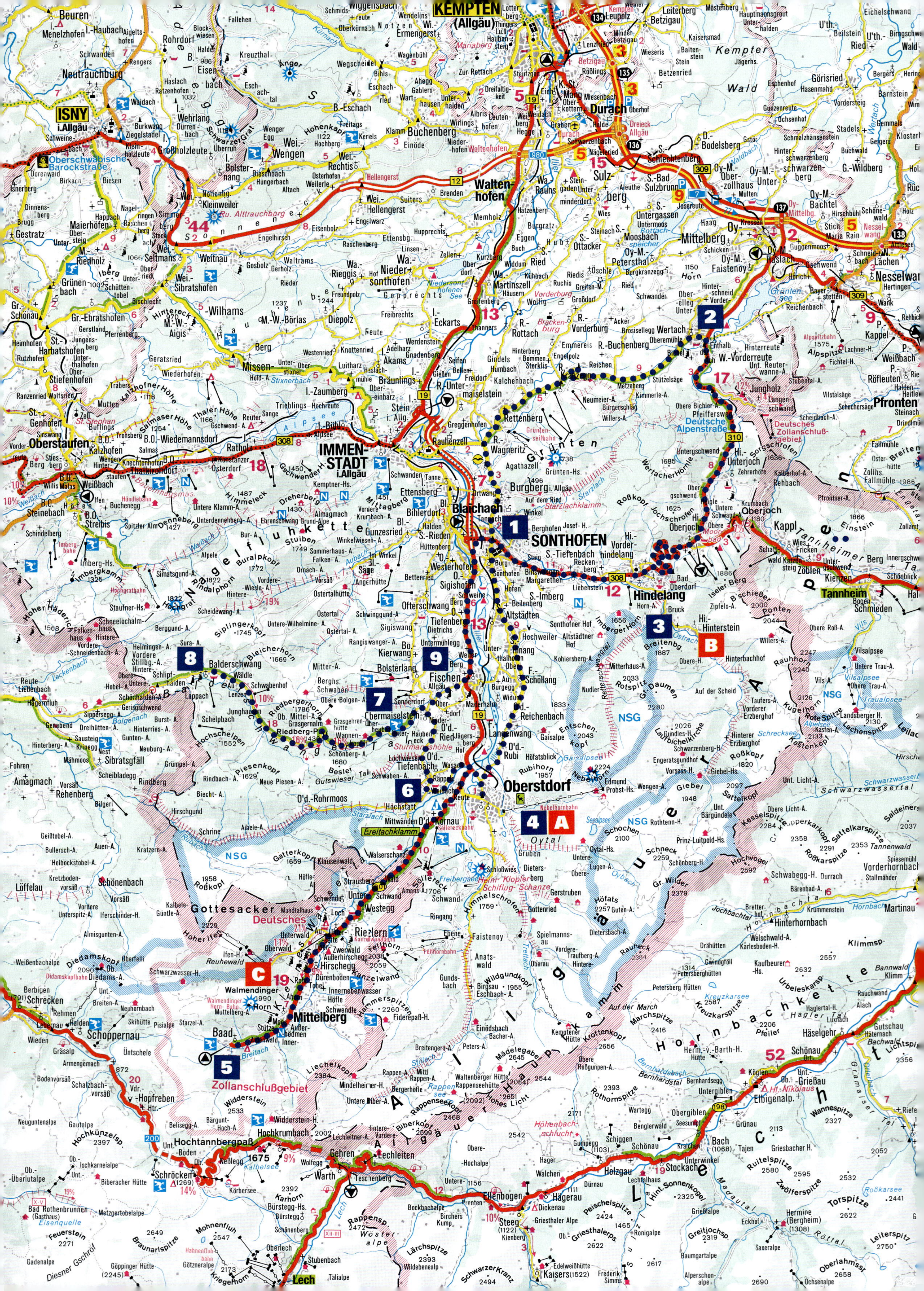

KEMPTEN
(Allgäu)
Beuren
Menelzhofen
Neutrauchburg
ISNY
i.Allgäu
Oberschwäbische Barockstraße
Buchenberg
Durach
Sulzberg
Waltenhofen
Weitnau
Oy-Mittelberg
Nesselwang
Pfronten
Maierhöfen
Niedersonthofen
Rettenberg
Oberstaufen
Alpsee
IMMENSTADT
i.Allgäu
Blaichach
SONTHOFEN
Burgberg
Grünten
Hindelang
Bad Oberdorf
Oberjoch
Unterjoch
Jungholz
Deutsche Alpenstraße
Deutsches Zollanschlußgebiet
Tannheim
Tannheimer Berg
Schmieden
Nagelfluhkette
Ofterschwang
Fischen
Bolsterlang
Balderschwang
Riedbergpaß
Obermaiselstein
Langenwang
Oberstdorf
Rubi
Tiefenbach
Kornau
Gottesacker
Riezlern
Hirschegg
Mittelberg
Walmendinger
Baad
Zollanschlußgebiet
Schoppernau
Schröcken
Hochtannbergpaß
Warth
Lech
Holzgau
Elbigenalp
Bach
Stockach
Häselgehr
Schönau
Hornbachkette
Allgäuer Hauptkamm
Lechtaler Alpen
Hinterhornbach
Martinau
Hinterstein
NSG
Ereitachklamm
Breitachklamm
Hinterer Schwarzwassertal
Oytal
Nebelhorn
Hochvogel
1
2
3
4
5
6
7
8
9
A
B
C

## SEHENSWERTES

Auf dieser **Autotagestour** bestimmt das Gebirge die Route: Von Sonthofen geht es zunächst nach Wertach, an Jungholz vorbei zum Oberjoch, anschließend hinab nach Hindelang und wieder zurück nach Sonthofen. Der zweite Streckenabschnitt führt das Illertal aufwärts nach Oberstdorf, ins österreichische Kleinwalsertal und nach Balderschwang.

**Sonnenverwöhnt: Das Ostrachtal bei Hindelang**

### SONTHOFEN ★

**1** Deutschlands südlichste Stadt – mit einer Fußgängerzone, die an schönen Sommertagen zum Boulevardtreff wird. Ins Heimathaus, ein altes Allgäuer Bauernhaus aus dem 18. Jh., lockt eines der schönsten Heimatmuseen der Region. *Sonnenstr. 1, Tel. 0 83 21/ 33 00, 16. Juni–Aug. Di, Do, Fr 10–12 und 15–18 Uhr, Mi 10–12 und 18–21 Uhr, Sa 15–18 Uhr, So/Fei 10–12 Uhr, übrige Öffnungszeiten telefonisch erfragen!* Glanzstück der Michaelskirche schräg gegenüber ist der prächtige Hochaltar mit Figuren von Anton Sturm. Die Berghofener Leonhardskapelle besitzt einen Strigel-Altar von 1438. In Winkel beginnt der Weg in die Starzlachklamm. *Mai–Okt. tgl. 9–19 Uhr*

### WERTACH ★

**2** Die ersten Siedler waren Kelten. Sie gaben Flüßchen und Ort den Namen: »virdo«. An der Wertachbrücke steht die Pestkapelle St. Sebastian; sie wird als »Kleine Wies« bezeichnet, da sich ihr Architekt, der aus Allendorf, Westfalen, stammende Bernhard Metz, 1762 eng an das große Vorbild bei Steingaden angelehnt hat.

### HINDELANG ★

**3** Traditionsreiche Sommerfrische und beliebter Wintersportort im Herzen des Oberallgäus. Der wahre Schatz der weitverzweigten Gemeinde ist die Bad Oberdorfer Kirche mit dem berühmten Jörg-Lederer-Altar aus dem Jahr 1519 und einer Holbein-Madonna von 1493. In der Schaukäserei »Obere Mühle« kann man zusehen, wie aus Rohmilch Käse entsteht. *Ostrachstr. 40, Tel. 0 83 24/ 28 57, Mo–Fr 9–12 und 14.30–18 Uhr, Sa/So 9–18 Uhr*

### OBERSTDORF ★★

**4** Das bereits zur Steinzeit besiedelte Oberstdorf gehört zu den meistbesuchten Urlaubsorten in Bayern. Autofreie Spazierwege führen durch die sieben Täler der Marktgemeinde, Seilbahnen erschließen die Wandergebiete von Nebel- und Fellhorn, Klettersteige die Gipfel. »Sportive« Akzente setzen auch das Eissportzentrum in der Roßbichlstraße und die Skiflugschanze am Freibergsee. Kunstliebhaber zieht es zum Alten Rathaus (1476), in die Seelenkapelle oder zu den Lorettokapellen am Südrand des Ortes. Die älteste Holzkapelle Bayerns (16. Jh.) steht im Weiler Rohrmoos. Ein internationales Klassikfestival ist der Oberstdorfer Musiksommer.

### KLEINWALSERTAL ★

**5** Seit 1891 ist das zu Österreich gehörende Hochgebirgstal deutsches Zollanschlußgebiet. Zwei Kabinenbahnen und mehrere Sessellifte führen hoch hinauf in alpine Regionen. Im Walsermuseum in Riezlern dreht sich alles um die Besiedlung des Tales durch die im 13. Jh. aus dem Schweizer Kanton Wallis zugewanderten Walser. *Walserstr. 54, Tel. 0 83 29/ 53 15 34, Mo–Sa 14–17 Uhr*

### TIEFENBACH ★★

**6** Ein großes Naturspektakel bietet die Breitachklamm bei Tiefenbach. Seit 1905 ist die manchmal nur 2 m breite Felsschlucht zugänglich. Etwa eine Stunde läuft man durch den dunklen Schlund, unter verkeilten Felsen und dem Zwingsteg hindurch, der den Einschnitt überspannt. *Tel. 0 83 22/48 87, tgl. 8–17 Uhr, Winter 9–16 Uhr, während der Schneeschmelze geschlossen*

### OBERMAISELSTEIN ★

**7** Vor 600 000 Jahren entstand der eiszeitliche Riß im Schwarzenberg südlich von Obermaiselstein, der heute als Sturmannshöhle zum Ausflug in die Unterwelt einlädt. 280 m tief geht es in den Berg, durch einen engen Spalt zu Adlerschacht und Gletschermühle, vorbei an einer Rinne voller Bergkristalle und dem Höhlenbach bis zu einem kleinen unterirdischen See. *Tel. 0 83 26/3 83 09, Mai–Okt. tgl. 9.30–16 Uhr, 26. Dez.–So nach Ostern tgl. 11–15 Uhr*

### BALDERSCHWANG ★

**8** Über den 1420 m hohen Riedbergpaß erreicht man das schöne Balderschwanger Tal. Kurz vor dem Hauptort mit der spitztürmigen Kirche weisen Schilder den Weg hinauf zu einer mehrere tausend Jahre alten Doppeleibe. Das eingezäunte Schmuckstück dürfte der älteste Baum Deutschlands sein!

## ESSEN & TRINKEN

### OBERSTDORF

**4** Das Hotel »Mohren« im Zentrum zählt zu den »Heuwirten«, die mit Hilfe der von Biowiesen stammenden, luftgetrockneten Futterpflanzen kulinarische Köstlichkeiten zaubern: Heukraftbrühe mit Bergkäsflädele etwa oder gesottenes Ochsenfleisch mit einer Heublumen-Schnittlauch-Soße. *Marktplatz 6, Tel. 0 83 22/ 91 20, tgl. 12–22 Uhr, obere Preisklasse, 50 Zimmer*

### FISCHEN

**9** In der Bauernstube oder auf der gemütlichen Terrasse des Gasthofs »Inselmühle« gleich hinter dem Bahnhof schmecken der knusprige Schweinebraten und die Fischgerichte besonders gut. Diät wird auch gekocht. *Auf der Insel 3, Tel. 0 83 26/ 98 98, Fr–Mi 11.30–14 und 17.30–21 Uhr, mittlere Preisklasse, 23 Zimmer*

## WANDERN UND RADWANDERN

**A** Start der **Fahrradtour** ist der Bahnhof von Oberstdorf. Durch die Fußgängerzone zur Kirche, davor rechts abbiegen und Richtung »Fellhornbahn« zu den Lorettokapellen fahren. Geradeaus weiter ins Stillachtal bis nach Birgsau zur Einkehr auf der Alpe Eschbach oder im »Alpengasthof Birgsau«. Zurück zum Parkplatz der Fellhornbahn, anschließend hinauf nach Ringang und Schwand, vorher jedoch hinab zur Skiflugschanze. Immer am Stillachufer entlang und unter der Straße durch, bis rechts ein Teersträßchen hineinführt nach Oberstdorf. *Strecke: 25 km, Dauer: 2 Std.*

**B** Eine ausgeschilderte fünf bis sechsstündige **Wanderung** führt vom letzten Parkplatz in Hinterstein hinauf zur Willersalpe und zum Zirleseck. Von dort geht es weiter zum Gipfel des 2045 m hohen Ponten und hinüber zum 2000 m hohen Bschiesser. Anschließend Abstieg zur Zipfelsalp und den rechten Weg hinunter nach Hinterstein. Beim Wasserfall die Brücke überqueren und zurück zum Parkplatz laufen.

**C** Der **Spaziergang** führt zur Almbrotzeit ins Schwarzwassertal. Mit Bus oder Auto zur Auenhütte fahren. Hinter der Talstation des Ifenlifts in Richtung Schwarzwasserhütte abbiegen und durch die Moorwiesen wandern, dann gemächlich das Tal entlang zur Sennalpe am Wasserfall unter den Abstürzen des Hohen Ifen marschieren. Preisgekrönten Bergkäse probieren und auf dem gleichen Weg zurück.

*Ob es im Allgäu einmal Riesen gegeben hat? Fast könnte man es annehmen, besucht man das Oberstdorfer Heimatmuseum. Beim Rundgang*

*stößt man auf einen Schuh, der an keinen menschlichen Fuß passen will: 3,80 m ist er lang – angeblich der größte der Welt. Neben dieser Kuriosität ziehen vor allem die Sammlungen zur Allgäuer Geschichte und zu den Arbeits- und Lebensverhältnissen die Besucher aus nah und fern an. Oststr. 13, Tel. 0 83 22/54 70, 27. Dez.–Ostern und Mitte Mai–Okt. Di–Sa 10–12 und 14–17 Uhr, So/Fei nur bei Regen*

gladius

VORZEIT

# Jäger, Sammler und Viehzüchter

Auf erste Spuren menschlicher Existenz im Allgäu stößt man in der mittleren Steinzeit, als nomadisierende Jäger und Sammler das südliche Schwaben durchstreiften. Dies belegen Steinwerkzeuge, die an ihren Rastplätzen, z. B. an der Ochsenbergwand bei Wasach im Oberallgäu, gefunden wurden. Ackerbau und Viehzucht setzten in der Jungsteinzeit ein. Die seßhaften Bauern trieben ihre Tiere schon damals auf die Bergweiden oberhalb der Baumgrenze. In der Bronzezeit gelang es den Siedlern, sich Wege durch die Moorgebiete zu bahnen. Ein Knüppelweg führte etwa durch das Gallmoos bei Agathazell östlich von Immenstadt. Aus der frühen Eisenzeit stammen die Funde im Mindelheimer Hügelgräberfeld. Zu den kostbaren Stücken, die den hohen Lebensstandard der Oberschicht unter Beweis stellen, gehören aufwendig gearbeitete Pferdegeschirre und ein vollständig erhaltenes Tonservice, bei dem vor allem die unterschiedlichen Formen und Verzierungen überraschen.

**Mindelheimer Fund: Tongeschirr aus dem 7. Jahrhundert v. Chr.**

ANTIKE

# Kelten und Römer

**Mindelheimer Vorgeschichtsmuseum: Antiker Reisewagen**

An die Kelten erinnert der Münzschatzfund von Sontheim im Unterallgäu. Über 350 vergoldete sogenannte Regenbogenschüsselchen-Stateren beweisen, daß sie Geldwirtschaft und Handel betrieben. Ihre Siedlung am Illerbogen im Bereich des heutigen Kempten erwähnt der griechische Geograph Strabon um 18 n. Chr. Auf die Kelten folgten die Römer: Die jungen Feldherren Drusus und Tiberius zogen auf Befehl ihres Stiefvaters, des Kaisers Augustus, über das Gebirge. Sie eroberten das Alpenvorland und erweiterten die Provinz Raetia. Aus dem keltischen »Kambodunon« wurde das römische »Cambodunum«, das sich zu einer der bedeutendsten Siedlungen in der Region entwickelte. Auf einer Anhöhe östlich der Iller hat man auf alten Fundamenten den gallorömischen Tempelbezirk rekonstruiert, in unmittelbarer Nähe die Kleinen Thermen und das Forum freigelegt. Auf dem Auerberg im Ostallgäu sind noch die unter Tiberius angelegten Ringwälle der römischen Befestigung zu erkennen, bei Schwangau wurde das Badegebäude eines ländlichen Gutshofs ausgegraben. Zwei Römerstraßen durchzogen das Allgäu: Die eine führte von Mailand über Chur und Bregenz nach Kempten und Augsburg; der zweite, als Via Claudia Augusta bekannte Versorgungsweg verlief über den Reschenpaß nach Füssen, Epfach und Augsburg.

**Antikes Wegzeichen: Römischer Meilenstein in der Nähe von Wengen**

**3000–2000 v. Chr.** Beginn der viehwirtschaftlichen Nutzung der Hochweiden im Gebirge.

**500 v. Chr.** Die Kelten lassen sich im Alpenvorland nieder und bauen befestigte Siedlungen, darunter »Kambodunon«, das heutige Kempten.

**15 v. Chr.** Drusus und Tiberius überqueren die Alpen und unterwerfen die Stämme der Raetier und der Vindeliker. Ausbau der Provinz Raetia.

FRÜHES MITTELALTER

# Alemannen und Christianisierung

Nach den immer häufigeren Vorstößen der Alemannen zogen sich die Römer im 5. Jahrhundert endgültig über die Alpen zurück und überließen ihren Widersachern das Feld. Die ursprünglich aus der Mark Brandenburg stammenden Alemannen besiedelten weite Teile der einst von den Römern beherrschten Provinz Raetien und gründeten ein eigenes Herzogtum. Ihr Einfluß ist noch heute spürbar: Alemannisch geprägt sind die Mundart der Menschen und ihre Bräuche wie die schwäbisch-alemannische »Fasnet« oder der in Oberstdorf alle fünf Jahre aufgeführte »Wilde-Männle-Tanz«. Im 6. Jahrhundert erlangten die Franken die Oberhoheit über die Region. Mit dem Ende des alemannischen Herzogtums und seiner Eingliederung in den karolingischen Herrschaftsbereich im 8. Jahrhundert begann die Christianisierung durch die St. Gallener Mönche Theodor und Magnus; sie schufen in Kempten und Füssen Urzellen späterer Klöster. Außerdem wurde die Benediktinerabtei Ottobeuren gegründet.

**Füssen: Der Turm von St. Mang vor dem Hohen Schloß**

**Das Leben des hl. Magnus, Fresko in St. Mang, Füssen**

**260** Die Alemannen durchbrechen den römischen Limes und besetzen das Gebiet zwischen Iller und Lech.

**536** Die Franken unterwerfen die Alemannen.

**8. Jh.** Einsetzende Christianisierung: Die St. Gallener Mönche Theodor und Magnus bilden Missionszellen in Kempten (725) und Füssen (um 748), aus denen später die Benediktinerklöster erwachsen. Magnus wird als »Apostel des Allgäus« verehrt.

**746/47** Ende des alemannischen Herzogtums, Schwaben geht an die Karolinger. Unter den Nachfolgern Kaiser Karls des Großen zerfällt das Reich; Bildung neuer Herzogtümer.

**817** Erstmals fällt in einer Urkunde der Begriff »Albgau« für den Süden und den Westen des heutigen Allgäus.

Der »Wasserdoktor«

# Sebastian Kneipp

## *Eine ganzheitliche Naturheilmethode erobert die Medizin*

### PFARRER MIT AMBITIONEN

Im November 1849 entstieg ein junger, todkranker Mann den eiskalten Fluten der Donau. Beim schwäbischen Dillingen geschah es, wo sein Wunsch, Theologie zu studieren, endlich Wirklichkeit geworden war. Doch schien es, als würde Gott das große Amen vorzeitig sprechen: Sebastian Kneipp, so der Name, erkrankte an Lungentuberkulose. Die Ärzte hatten ihn bereits aufgegeben, als er in der Münchner Hofbibliothek ein Büchlein von Dr. Johann Sigmund Hahn fand: »Unterricht von der wunderbaren Heilkraft des frischen Wassers«. Es wurde der Strohhalm, an den sich der Kranke klammerte. Später hat er es gar als das »Rettungsboot« bezeichnet, »das eine barmherzige Vorsehung zur rechten Zeit in der Stunde der höchsten Not sandte«. Dreimal in der Woche lief er zur Donau hinunter und nahm sekundenkurze Halbbäder; wenige Monate später war die Krankheit überwunden, und er konnte sein Studium fortsetzen. Dies war die Geburtsstunde einer Naturheilmethode, die nach anfänglichen Widerständen heute auch die Anerkennung der Schulmedizin gefunden hat.

Stephansried ist der Geburtsort Kneipps. Hier wurde am 17. Mai 1821 dem armen Landweber Xaver Kneipp und seiner Frau Rosina ein Junge geboren, den sie in der nahen Klosterkirche von Ottobeuren auf den Namen Sebastian Anton taufen ließen. Mit elf Jahren mußte das Kind in den Keller, um die Weberei zu erlernen; mit zwölf produzierte der Junge täglich fünf Ellen Leinwand. Sein Wunsch zu studieren scheiterte am Geld – zunächst jedenfalls. Im Grönenbacher Kaplan Matthias Merkle fand Kneipp jedoch einen Gönner, der ihm den Weg ebnete. Und so konnte er am 6. August 1852 im Augsburger Dom zum Priester geweiht werden. Als ihn der Bischof von Augsburg 1855 zum Beichtvater der Dominikanerinnen in Wörishofen bestimmte, begann sein unaufhaltsamer »Aufstieg«. Dabei sollte er lediglich das Kloster wieder auf eine tragfähige wirtschaftliche Basis stellen. Der junge Priester fuhr selbst auf Märkte, um Saatgut und Zuchtvieh zu kaufen, entwarf Entwässerungssysteme, demonstrierte das Veredeln der Obstbäume, war ein anerkannter Imker und verfaßte fünf Büchlein über landwirtschaftliche Themen. Nebenbei behandelte er weiter mit kaltem Wasser: den klösterlichen Rinderbestand ebenso wie die Menschen, die auf seine ungewöhnlichen Heilerfolge aufmerksam geworden waren.

Kneipps Wege zum Wohlbefinden: Knie- und Nackenguß

Hilfesuchende aus der ganzen Welt drängten ins schwäbische Dorf. Im Badehäuschen des Klosters, später in der Waschküche des Pfarrhofs, verabreichte Kneipp die Anwendungen, doch bald reichten die Räumlichkeiten nicht mehr aus. Ein Damen- und ein Männerbad wurden errichtet. Maurus Wolter, der Abt des Klosters Beuron, drängte ihn, sein Wissen schriftlich niederzulegen. »Meine Wasserkur« wurde ein Riesenerfolg, weitere Bücher gingen in Druck. Von den mehr als 30 Vortragsreisen quer durch Europa bildeten die Romreise von 1894 und Kneipps Ernennung zum Päpstlichen Geheimkämmerer durch Papst Leo XIII. die Höhepunkte in seinem Leben. Honorare und Spenden machten es möglich, daß der Pfarrer auch zum Bauherrn wurde. Drei Kuranstalten entstanden in Wörishofen: das heutige Sebastianeum, die Kinderheilstätte und das Kneippianum. Mit diesen drei Stiftungen hat sich Sebastian Kneipp selbst das schönste Denkmal gesetzt, bevor er im März 1897 erkrankte und am 17. Juni verstarb. Begraben liegt er auf dem Friedhof seines Wirkungsortes. Um die Bewahrung und Weiterentwicklung seiner Ideen kümmern sich heute alleine in Bad Wörishofen vier Forschungsinstitute und eine Fachschule.

Am Abend stimmungsvoll beleuchtet: Über den Seehafen und die schöne Uferpromenade von Lindau wachen der bayerische Löwe und der Neue Leuchtturm, die Wahrzeichen der charmanten Inselstadt.

# Von Oberstaufen bis Lindau am Bodensee

Die Landschaft streichelt die Sinne. Sanft setzt sie sich vom Hochgebirge ab, tritt zurück ins liebliche Voralpenland, um bei Lindau im Blütenrausch von Obst- und Gartenkulturen südländische Orgien zu feiern. Überhaupt ist so mancher Bauherr am Bodenseeufer italienischem Einfluß erlegen. Das mag am »Lindauer Boten« gelegen haben, der 1786 auch Goethe auf seiner ersten Italienreise beförderte und nicht nur Briefe, Waren und Personen nach Oberitalien transportierte, sondern im Gegenzug mediterranen Lebensstil mitbrachte. Doch sie alle, ob bayerische oder württembergische Schwaben, empfinden sich als Allgäuer. Ob in Wangen oder in Isny – eine gewisse Schalkhaftigkeit, die in der Fasnet ihren fröhlichen Höhepunkt findet, verbindet sie – das ist es, was die Menschen hier so sympathisch macht.

*Zwischen Leuchtturm und Löwe mit einem der 35 weißen Schiffe in See stechen: zu einem Ausflug an das österreichische oder an das Schweizer Ufer, nach Friedrichshafen zum Zeppelinmuseum oder auf die Blumeninsel Mainau. Kinder bis 15 Jahre*

*in Begleitung ihrer Eltern nimmt die »Weiße Flotte« auch kostenlos mit an Bord. Fahrkarten gibt es in Lindau am Hafenschalter oder direkt auf dem Dampfer. Bodensee-Schiffsbetriebe GmbH Lindau, Schützingerweg 2, Tel. 0 83 82/94 44 16*

**Höhenwanderung auf Nagelfluh: Zwischen Hochgrat und Hochhäderich**

**Zwischen saftigen Blumenwiesen und idyllischen Seen gelegen:**

**EXTRA-TIP**

*Den feuchten Ton mit Händen kneten, Metall zu Schmuck verarbeiten, aus Holz Skulpturen schnitzen oder Malen und Zeichnen lernen – all das kann man während der »Kißlegger Kunstwochen« tun, unter fachlicher Anleitung von Künst-*

*lern und im barocken Ambiente des Neuen Schlosses. Kunst zum »Anfassen« mit Rahmenprogramm, jeweils Ende März und Ende Oktober. Gäste- und Kulturamt, Tel. 0 75 63/ 93 61 42*

**Votivgaben der Fuhrleute: St. Stephan in Genhofen**

**Staufnerhaus am Hochgrat: Der Wirt beim Holzhacken**

Die Liste prominenter Kurgäste ist lang: Von Olga Tschechowa bis Fritz Walter ließ sich schon so mancher, der Rang und Namen hat, im einzigen Schrothheilbad der Welt in feuchte Tücher wickeln. Dabei wurde die Schrothkur nicht einmal von einem Oberstaufener erfunden, sondern von dem 1800 in Schlesien geborenen Johann Schroth. Seine Lehre hat man zunächst stark angefeindet, doch 1840 erhielt er die amtliche Zulassung. Nach dem Zweiten Weltkrieg verschlug es den schlesischen Arzt Dr. Hermann Brosig nach Oberstaufen, der die Heilmethode im Gepäck mitbrachte. An die hundert Kurheime und Sanatorien fußen inzwischen auf den Lehren des Johann Schroth. Sein Denkmal steht seit 1989 in den Kuranlagen.

## Ein Pflänzchen, das reich machte

Zwischen sanfte Hügel und Moore gebettet, liegt die kleinste der ehemals Freien Reichsstädte des Allgäus. Sechs mittelalterliche Tore und Türme, schmale, verwinkelte Gassen innerhalb der Stadtmauerreste, schmucke Plätze und eindrucksvolle Kirchen prägen das Ortsbild. Hochaufragende Bürgerhäuser zeugen vom einstigen Reichtum. Blaublühender Flachs und, daraus resultierend, Leinenverarbeitung und -handel machten Isny im 15. Jahrhundert zu einer der wohlhabendsten Städte ganz Oberschwabens. Seine Kontakte reichten bis Genua, Barcelona, Brügge, Antwerpen und London. Das Innere des Rathauses spiegelt die alles andere als bescheidene bürgerliche Wohnkultur aus reichsstädtischer Zeit wider: Decken, Wände und Türrahmen sind bekleidet mit üppigem Stuck, und der farbenprächtige Fayence-Kachelofen reicht bis zur Decke.

Kißlegg mit der Pfarrkirche St. Gallus und Ulrich

Oberstaufen: Flanieren in der schmucken Fußgängerzone mit Pfarrkirche

Barocke Symphonie: St. Gallus und Ulrich in Kißlegg

Erholung im Park: Heilklimatischer Kurort Oberstaufen

Doch Isny war nicht nur ein Wirtschaftszentrum, sondern auch ein geistlicher Mittelpunkt. Bereits 1096 gründeten die Benediktinermönche von Hirsau ein Kloster. Ihr Gotteshaus fand in der heutigen Stadtpfarrkirche St. Georg, von dem Italiener Giulio Barbieri erbaut, eine barocke Schönheit als Nachfolgerin. Und hier in Isny haben sich die Prediger der Reformation mit dem Abt des Benediktinerklosters um die gläubige Anhängerschaft gestritten, die vorhandenen Schriften studiert und selbst neue verfaßt. In der Predigerbibliothek der evangelischen Nikolaikirche sind unter den rund 1800 Dokumenten deshalb auch einige von Martin Luther und Philipp Melanchthon zu finden. Unter den wertvollen Sammlungsstücken trifft man darüber hinaus auf hochinteressante Drucke wie eine fast vollständig erhaltene Reihe der Merianschen Topographie, die »Topographia Sueviae« von 1643, oder auch den Amsterdamer Weltatlas von 1649.

## Jedem Waldburg sein Schloß

Nicht umsonst hat man Kißlegg in die Oberschwäbische Barockstraße einbezogen, besitzt es doch mit der St.-Anna-Kapelle am Friedhof ein Juwel der Kirchenbaukunst. Architekt war 1718/19 der Füssener Johann Georg Fischer, der auch die Pfarrkirche, das Neue Schloß und die Wolfegger Kirche schuf. Die Deckenfresken sind ein Frühwerk von Cosmas Damian Asam – er malte sie nur so »nebenbei«, während seine Arbeiten in der Basilika im nahen Weingarten weiterliefen. In reichem Barock strahlt auch das Innere der Pfarrkirche St. Gallus und Ulrich, die außer einer Zürn-Madonna einen wertvollen Silberschatz birgt. Wahrzeichen ist das Alte Schloß der Grafen zu Waldburg-Wolfegg mit seinen vier runden Ecktürmen und dem asymmetrischen Staffelgiebel. Durch Erbteilung kam Kißlegg 1721 bis 1727 zu seinem zweiten, dem Neuen Schloß. An der barokken Ausstattung wirkten namhafte Künstler wie Joseph Anton Feuchtmayer, Johann G. Roth und Johann Ruez mit. Das Museum »Expressiver Realismus« hat mittlerweile hier Einzug gehalten.

## Autos mit Geschichte(n)

»Lachen Sie nicht, wir fuhren damals auch Lloyd« – so steht's geschrieben am Trabant im Oldtimermuseum des ehemaligen Autotesters und Schrift-

**EXTRA-TIP**

*Der Name hält, was er verspricht: Im »Terrassenhotel Isnyland« haben alle Zimmer eine Terrasse mit Bergblick. Auch zum Restaurant gehört eine Sonnenterrasse, auf der Schwäbisch-Allgäuer Küche serviert wird. Zirbelstube, Solarium, Sauna, Cocktailbar und Kegelbahn gehören mit zum Haus. Dengelshofen 290, 88316 Isny-Neutrauchburg, Tel. 0 75 62/9 71 00, Fax 97 10 60, 23 Zimmer, mittlere Preisklasse*

Wochenmarkt in Wangen: Die anmutige Herrenstraße mit dem Frauentor

Schloß Wolfegg: Einst truchsessische Residenz

**EXTRA-TIP**

*Eine schöne Aussicht auf die Alpen und Schloß Syrgenstein (15./16. Jh.),*

*das private Wohnschloß der Grafen Waldburg-Zeil-Hohenems, bietet der Argenbühler Ortsteil Eglofs. Der historische Dorfplatz wird umrahmt von der barocken Martinskirche und den alten Gasthöfen »Zum Löwen« und »Rose«. Im zuletzt genannten Wirtshaus läßt sich gutbürgerlich schmausen, Spargel oder Wild, ganz nach Saison. Dorfplatz 7, Tel. 0 75 66/3 36, Di–So 9–23 Uhr, mittlere Preisklasse*

Wangen bei Nacht mit Pfaffenturm, Rathaus und Martinskirche: Zeichen des Wohlstands der früheren Reichsstadt

stellers Fritz B. Busch in einem Nebengebäude des Wolfegger Schlosses. Rund 200 alte Autos, Traktoren und Motorräder sind zu bestaunen, doch nicht nur das: Mit hintergründigem Humor wird oft deren ureigenste Geschichte erzählt und damit ein Stück Zeitgeschehen in Erinnerung gerufen.

Damit die heutigen Schloßherren, die Fürsten von Waldburg zu Wolfegg und Waldsee, die Ihrigen nicht vergessen, haben sie unter der prachtvollen, freskierten Stuckdecke im Rittersaal 24 Ahnen in Holz und Gips an die Wand gehängt. In schönster Barockausstattung präsentiert sich die einstige Schloß- und heutige Pfarrkirche. Sie gilt als eines der Hauptwerke Johann Georg Fischers, Nachfolger des bekannten Füssener Baumeisters Johann Jakob Herkomer.

Das Bauernhausmuseum am Fuße des Burgbergs ging aus dem Fischerhaus der Schloßherren hervor. 14 Bauten aus den verschiedensten Landschaften Oberschwabens kamen hinzu, 30 bis 40 sollen es werden. Und zwischen den Bauernhöfen laufen Schafe, Gänse und Hühner herum. Ein Hahn kräht auf dem Brotzeit-, pardon, dem Vespertisch. Ein sehr lebendiges Museum, in dem auch Einkoch- und Brotbacktage und ein Museumsfest stattfinden.

## Neue Brunnen vor alten Fassaden

Hadupert, Angehöriger einer einflußreichen Grundbesitzerfamilie des Argen- und Alpgaus, schenkte 815 dem Kloster St. Gallen mehrere Güter, darunter

Rokokopracht: Fresko und Orgel in St. Katharinen, Wolfegg

In Löwenzahn gebettet: Kapelle bei Wolfegg

Wangen: Mittelalterliches Martinstor

auch den Kellhof Wangen. Damit war der Ort dokumentiert, der 1347 sogar den Status einer Freien Reichsstadt bekam. Mit viel Liebe wurden in der Altstadt die Spuren jener Zeit saniert, restauriert und mit Sinn für historische Details ausgeschmückt: das zum Teil noch gotische, reich verzierte Martinstor, die St.-Martins-Kirche aus dem 13. Jahrhundert und das Frauentor von 1472. Prächtig bemalte Häuser mit kunstvollen Wirtshausschildern noch aus dem 18. Jahrhundert säumen die Herrenstraße. 1286 verfügte König Rudolf von Habsburg das Marktrecht für Wangen, und noch heute wird der Wochenmarkt jeden Mittwoch vor dem Rathaus abgehalten.
Allgäuer Humor beweisen die sechs neuen Figurenbrunnen aus den 80er und 90er Jahren. So bezeichnete der Ravensburger Landrat Dr. Guntram Blaser den Amtsschimmelbrunnen vor dem Landratsamt in der Lindauer Straße als »Beitrag zur Selbstironie der Bürokratie«: Symbolisch balanciert ein Pferd auf einem Stapel von Akten und spuckt Wasser auf die Bürger der Stadt. Auch ein Beamter, dem man sprichwörtlich den »Kragen umdrehen« kann, ist unter den Figuren zu finden. Denn die Bronzeskulpturen sind beweglich. Und auf dem Saumarkt sind dem heiligen Antonius, dem Schutzpatron der Haustiere, ein paar Schweinderl »weggelaufen«.

## Geschröpft und zur Ader gelassen

Einen Einblick in die Sittengeschichte des 16. Jahrhunderts gibt die Alte Badstube in der Langen Gasse. Kaum einer konnte sich damals den Luxus eines eigenen Badezimmers leisten, und so ging man ein- bis zweimal die Woche ins Badhaus, wo der Bader neben der reinen Körperpflege so wichtige Aufgaben übernahm wie Haar- und Bartscheren, Schröpfen oder Aderlaß. Im Kreuzgewölbe, das von mächtigen Rundsäulen getragen wird, blieb die mittelalterliche Badhauseinrichtung erhalten. Ganz in der Nähe, am Eselberg, dreht sich an der alten Eselmühle noch das Wasserrad. Hier hat das Heimat- und Käsereimuseum seinen Platz gefunden.

## Wo der bayerische Löwe die Tatzen in den See hält

Eigentlich war die Altstadt-Insel nicht der Ursprung Lindaus. Die Geschichte begann 802 mit dem Ortsteil Aeschach auf dem Festland. Doch bereits 810 stiftete Graf Albert von Raetien ein Kloster für adelige Frauen auf dem Eiland, und so verlegte man den Marktflecken 1079 auch dorthin. Im 13. Jahrhundert erhielt Lindau die Reichsunmittelbarkeit. Mit Stolz

**EXTRA-TIP**

*Ausgeprägte Gastfreundschaft und betont familiäre Atmosphäre erwartet den Urlauber im »Waldberghof« in Wangen-Herfatz. Gekocht wird abends und nur für Hausgäste, auf Wunsch auch spezielle Feinschmeckermenüs. Die Zimmer sind behaglich, und*

*das Haus ist von einem Garten umgeben.*
*Am Waldberg 9,*
*88239 Wangen,*
*Tel. 0 75 22/9 73 30,*
*Fax 97 33 33,*
*18 Zimmer, mittlere Preisklasse*

Lindauer Brodlauben: Historische Bäckerläden mit Arkadengängen

**EXTRA-TIP**

*Schwere Zugpferde, Haflinger, Warmblüter und Ponys werden alljährlich Mitte September angespannt zum Fuhrmannstreffen in Scheidegg. Neben modernen Wa-*

*gen gehen auch nostalgische Gefährte aus ganz Bayern, Baden-Württemberg und dem benachbarten Vorarlberg an den Start. Am zweiten Sonntag im Oktober trifft sich die ganze Reiterschar – über 200 an der Zahl! – beim Wendelinsritt an der Kapelle auf dem Westkinberg. Reitergruppe Scheidegg, Tel. 0 83 81/28 93*

Von Moschtkopf bis Binsengeist: Lindauer Fasnet

verweisen die Fresken an der Fassade des Alten Rathauses auf den 1496 im gotischen Saal abgehaltenen Reichstag. Napoleon war es, der die Stadt 1805 an Bayern übergab, dessen weißblaue Seegrenze bei Nonnenhorn verläuft.
Am Lindavia-Brunnen vorbei gelangt man zum bekanntesten Motiv des Bodensees, dem Blick auf den Lindauer Hafen. Das buntglasierte Ziegeldach dort gehört zum Mangturm, der aus dem 12. Jahrhundert stammt. An der Hafeneinfahrt ist im Neuen Leuchtturm ein kleines Bodenseemuseum untergebracht. Und gegenüber blickt der von Johann von Halbig aus einem Block Kelheimer Marmor gemeißelte, sechseinhalb Meter hohe bayerische Löwe ein wenig grimmig zwar, aber doch stolz übers blaue Naß, auf dem die weißen Liniendampfer zwischen unzähligen Segelbooten kreuzen.

## Italienische Reise

Sonnenplätze vor den Cafés und Restaurants, flanierende Menschen und verwinkelte Gassen und Gäßchen lassen den Hauch des Südens atmen. Das kommt nicht von ungefähr, denn bereits zu reichs-

Scheidegg: Wasserfälle durchziehen die Rohrachschlucht

Frühling bei Oberreitnau: Apfelbäume und Alpenblick

städtischer Zeit verkehrte der von bewaffneten Reitern begleitete »Lindauer Bote« regelmäßig von Nürnberg und Augsburg über Lindau bis in die Lombardei nach Mailand. Er beförderte Waren und Passagiere in beiderlei Richtung – darunter auch Johann Wolfgang von Goethe auf seiner ersten Italienreise – und brachte südländische Einflüsse mit. Von diesen Einflüssen berührt ist einer der schönsten Profanbauten am ganzen Bodensee. 1729 ließ sich Michael von Seutter anstelle des abgebrannten Stadthauses der angesehenen Patrizierfamilie Cavazza einen Pa-

**Romantische Impression: Morgenstimmung an Lindaus Hafeneinfahrt mit Löwe und Leuchtturm**

**Malerisch auf einer Halbinsel gelegen: Wasserburg**

last erbauen: das »Haus zum Cavazzen« am Marktplatz. Zur einstigen Peterskirche beim Diebsturm bummelt man durch die von Bürger-, Patrizier- und Zunfthäusern gesäumte Maximilianstraße. Kurios ist das Stadttheater am Barfüßerplatz, das im Schiff einer 1270 errichteten Kirche Unterschlupf fand.

## Vier Millionen Hüte im Jahr

Dank der nebelfreien, heilklimatischen Hochlage darf sich Lindenberg seit 1926 Höhenluftkurort nennen. Doch vor mehr als hundert Jahren hieß es »Klein-Paris«. Als Zentrum der europäischen Hutindustrie schufen meist Frauen in Fabriken und in Heimarbeit Kopfbedeckungen für die Mode der Welt. Angefangen hat alles 1656 mit ersten, aus Stroh gearbeiteten Exemplaren, als Pferdehändler die Hutmacherkunst aus Italien einführten. In der Blütezeit des Handwerks wurden pro Jahr etwa vier Millionen Hüte aller Art gefertigt. Übrig blieben zwei namhafte Betriebe – und ein Hutmuseum, das den Weg vom ersten Strohhut bis zur heutigen Produktion nachzeichnet. Lindenberg ging, wie so viele Orte im Allgäu, den Weg der Vieh- und damit der Milch- und Käsewirtschaft, deren Erzeugnisse beim bunten Wochenmarkt feilgeboten werden. Vom seerosenbewachsenen Waldsee im Nordwesten Lindenbergs führen Wanderwege durch das Hochmoor und hinüber nach Scheidegg, ein beliebter Kneippkurort und im Winter ein Eldorado für Langlauffreunde. Ganz in der Nähe trifft man auf die Wasserfälle in der Rohrachschlucht und einen Streichelzoo – ein Naturparadies für groß und klein.

**EXTRA-TIP**

*Schlangen und Echsen bevölkern das Tropenhaus im Reptilienzoo Scheidegg.*

*»Die Behausungen der Tiere putze ich selbst«, sagt Hausherr Adolf Lücke, »nur das Terrarium der grünen Mamba überlasse ich meiner Frau.«*
*An der B 308, Tel. 0 83 81/74 49, Apr.–Sept. tgl. 9–18 Uhr, Okt.–März So–Do 10–12 und 14–17 Uhr*

BAD WALDSEE
BAD WURZACH
Wurzacher Ried
Schwäbische Bäderstraße
Haidgauer Heide
Bergatreute
Baindt
Baienfurt
WEINGARTEN
RAVENSBURG
Wolfegg
Kißlegg
LEUTKIRCH i.Allgäu
Oberschwäb. Barockstraße
Waldburg
Vogt
Amtzell
WANGEN i.Allgäu
Argenbühl
ISNY i.Allgäu
Neutrauchburg
Bodnegg
Schomburg
Niederwangen
Hergatz
Achberg
Neuravensburg
Opfenbach
LINDENBERG i.Allgäu
Heimenkirch
Scheidegg
Deutsche Alpenstraße
Weiler
Simmerberg
Oberstaufen
Hergensweiler
Sigmarszell
Niederstaufen
Wasserburg (Bodensee)
Nonnenhorn
LINDAU (Bodensee)
Bodensee
Lochau
BREGENZ
Pfänder
Möggers
Hochhäderich
Nagelfluhkette
Riefensberg
Sulzberg
Langen
Doren
Krumbach
Langenegg
Hittisau
Bolgenach
Balderschwang
Lauterach
Höchst
Wolfurt
Kennelbach
Alberschwende
Lingenau
Egg
Schwarzach
DORNBIRN
Lustenau
St. Margrethen
Widnau
Schwarzenberg
Andelsbuch
Bersbuch
Sibratsgfäll
1
2
3
4
5
6
7
8
9
A
B
C

## SEHENSWERTES

In Oberstaufen beginnt die **Autotagestour**, die über Isny nach Kißlegg führt, mit Wolfegg oberschwäbisches Gebiet berührt und mit Wangen und Lindau zwei historische Städte erreicht. Über Scheidegg geht es zurück.

### OBERSTAUFEN ★

**1** Internationales Publikum fährt zur Schrothkur nach Oberstaufen. Entsprechend hat sich der Ort herausgeputzt, mit 18-Loch-Golfplatz und Erlebnisbad »Aquaria«, mit Straßencafés in der Fußgängerzone und exquisiten Nobelboutiquen. Die Pfarrkirche wartet mit einer monumentalen Kreuzigungsgruppe (15. Jh.) auf. Im Heimatmuseum kann eine hundert Jahre alte Alpsennerei besichtigt werden.

### ISNY ★

**2** Von der wehrhaften Vergangenheit des 1281 zur Freien Reichsstadt aufgestiegenen Marktfleckens zeugen auch heute noch das Espan- und das Wassertor, der Speicher-, der Pulver- und der Blaserturm. Große Teile der Stadtmauer sind ebenso erhalten. Schönstes Haus am Platz ist das Rathaus. Die gotische Nikolaikirche besitzt eine 500 Jahre alte Predigerbibliothek. Prachtvollen Barock zeigt die Stadtpfarrkirche St. Georg. Die Geschichte der Stadt und des Flachsanbaus dokumentiert das Museum am Mühlturm, die der Feuerwehr und des Handwerks das Heimatmuseum im Wassertor.

### KISSLEGG ★

**3** Das Ortsbild prägen je zwei Schlösser, Kirchen und Seen. Die barocke Pfarrkirche St. Gallus bewahrt einen kostbaren Silberschatz. Als Kleinod gilt die Gottesackerkapelle St. Anna von Johann Georg Fischer. Am Obersee kann man schwimmen und Boot fahren, über dem Zeller See erhebt sich das Alte Schloß der Grafen Waldburg-Wolfegg. Im Neuen Schloß: das Museum »Expressiver Realismus«.

### WOLFEGG ★

**4** Der Sitz der Grafen von Waldburg-Wolfegg aus dem 12. Jh. verbreitet heute noch den Zauber einer kleinen Residenzstadt. Viel gibt es zu sehen: das Schloß mit Rittersaal (Privatbesitz), die Pfarrkirche St. Katharinen, ein Hauptwerk des Baumeisters Johann Georg Fischer, das Automobilmuseum Fritz B. Busch in einem Nebengebäude des Schlosses und das interessante Bauernhausmuseum.

### WANGEN ★★

**5** In Wangen dominieren Stadttore das Ortsbild. Zwischen buntbemalten Häusern und kunstvollen Wirtshausschildern in der Herrenstraße geht es auf Entdekkungstour durch den historischen Ortskern: zur barocken Rathausfassade, zur Martinskirche mit ihrem alten Turm, zum Museumskomplex am Eselberg/Lange Gasse, darunter als bauhistorische Kostbarkeit das Museum in der Badstube.
*Alle Museen Di/Mi, Fr/Sa 14–17 Uhr, Mi, Sa/So 10–12 Uhr, Badstube zusätzlich Do, So 14–17 Uhr*

### LINDAU ★★★

**7** Hauptsehenswürdigkeit auf der Altstadtinsel ist der berühmte Hafen mit dem alten und dem neuen Leuchtturm (Bodenseemuseum) und dem 6,5 m hohen bayerischen Löwen. Gleich um die Ecke stehen der Lindavia-Brunnen und das reich bemalte Alte Rathaus. Die Flaniermeile Maximilianstraße säumen alte Zunft- und Patrizierhäuser. Im »Haus zum Cavazzen« befindet sich das Heimatmuseum. Gegenüber ragt die Peterskirche (11. Jh.) neben dem Diebsturm empor. Das älteste Gotteshaus der Stadt enthält die einzigen bekannten Wandmalereien von Hans Holbein d. Ä.

**Erholung für Körper und Seele: Landschaft bei Oberstaufen**

### SCHEIDEGG ★

**8** Der heilklimatische Kurort liegt auf einem Hochplateau vor den Schweizer und österreichischen Bergen. An der B 308 trifft man auf die Rohrachschlucht mit Wasserfällen und den Reptilienzoo. Im Ortszentrum lokken das Handwerkermuseum im Heimathaus und die frühklassizistische Pfarrkirche. Nur 15 Minuten vom Ort entfernt, in herrlicher Südlage, trifft man auf das Alpenfreibad.

### LINDENBERG ★

**9** Das Hutmuseum im Zentrum der alten Hutmacherstadt verfolgt den Weg vom ersten Strohhut bis zur heutigen Avantgarde.
*Brennterwinkel 4, So 10–12 Uhr, Mi 15–17.30 Uhr.*
Im Neubarockstil präsentiert sich die Pfarrkirche St. Peter und Paul. Am moorbraunen Waldsee empfiehlt sich eine Badepause oder ein erholsamer Spaziergang.

## WANDERN UND RADWANDERN

**A** Eine kostenlos geführte **Fahrradtour** verläuft unter dem Motto »Radl'n bergab« vom Scheidegger Hochplateau über Lindau und Bregenz zur Bregenzer Ach-Mündung und per Seilbahn über den Pfänder wieder zurück.
*Strecke: 48 km, Dauer: ca. 3,5 Std., Mitte Mai–Okt., Kurverwaltung Scheidegg, Tel. 0 83 81/8 95 55*

**B** Eine vierstündige **Wanderung** führt von Großholzleute auf den »Schwarzen Grat« (1118 m). Abwärts Richtung »Bolsternang«, dann der roten 3, später der 4 folgen nach Überruh und Bolsternang. Vor dem Gasthof »Schwarzer Grat« rechts und zur Brücke in Kleinweiler-Hofen. Auf dem Wanderweg entlang der Argen zurück.

**C** Am Bahnhof in Lindau beginnt der einstündige **Spaziergang** um die auf einer Insel gelegene Altstadt. Zum Hafen und links bis zum Ende der Promenade, wieder links zum Alten Rathaus, dahinter rechts durch die Maximilianstraße zum Marktplatz und weiter bis zur Seebrücke. Davor durch die Grünanlagen zum Kleinen See, links bis zur Bahn, über die Brücke, auf dem Uferweg zum Pulverturm und zum neuen Leuchtturm am Hafen.

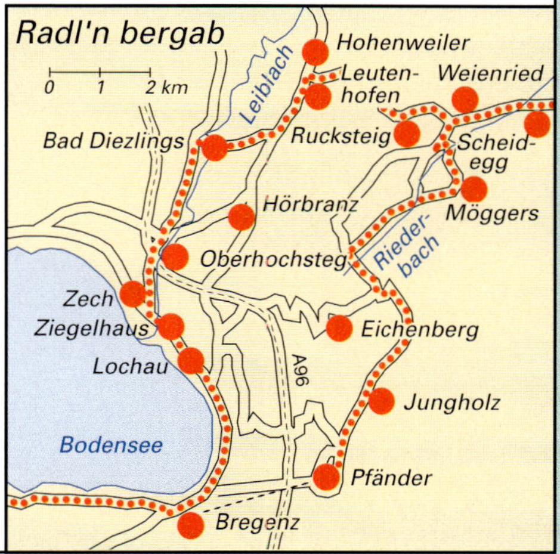


## ESSEN & TRINKEN

### OBERSTAUFEN

**1** Durch die Speisekarte des Hotel-Restaurants »Zum Adler« würde man sich am liebsten hindurchessen: Kalbsrücken in Roquefortsoße, Lammrücken im Senfmantel, Hummerkrabben und, und, und ...
*Kirchplatz 6, Tel. 0 83 86/ 9 32 10, Mitte Dez.–Mitte Nov. Mi–Mo 7–22 Uhr, mittlere–obere Preisklasse, 26 Zimmer*

### ROTHKREUZ

**6** Im urigen Landgasthof »Schanz« gibt es Schwäbisches wie Kässpatzen und Krautkrapfen. Zum Dessert hausgemachter Joghurt mit Mandarinensoße.
*Rothkreuz 75, Tel. 0 83 89/ 6 93, Di–So 10–14 und 17–24 Uhr, mittlere Preisklasse*

*Wer nicht beim »Fidelisbäck« auf einen Leberkäs' eingekehrt ist, der war nicht in Wangen. In einer Woche bringt die fast 500 Jahre alte Bäckerei rund 1000 kg der bayerisch-schwäbischen Traditionsbrotzeit unters Volk. Vom Bauern bis zum Bürgermeister trifft sich alles in der historischen Gaststube mit Gartenwirtschaft zum heißgeliebten Leberkäs', dem besten weit und breit. Bei kühlem, süffigem*

*Dunkelbier und mit »Laugenstangerln« schmeckt die deftige Brotzeit dann noch einmal so gut. Paradiesstr. 3, Mo–Fr 7–22 Uhr, Sa 7–14 Uhr*

1

2

3

4

5

6

7

SPECIAL

# Deutschlands Käseküche

**Schon die Kelten wußten verschiedene Käsesorten meisterlich herzustellen. Karl Hirnbein aus dem Dörfchen Wilhams bei Missen war es, der die Allgäuer letztlich davon überzeugte, daß mit der Weidewirtschaft ein besseres Auskommen zu erreichen sei als mit dem Ackerbau. Von Reisen nach Belgien und den Niederlanden brachte er im Jahr 1829 Weichkäse-Rezepte mit. Seitdem gibt es Limburger und Romadur auch auf Allgäuer Art. Und zwei Jahre zuvor hatte ein aus dem Schweizer Emmental zugewanderter Senn das Geheimnis ausgeplaudert, wie man in seiner Heimat Käse zubereitet. Damit begann der Siegeszug des Allgäuer Emmentalers.**

**1** Zweimal am Tag bringen örtliche Vertragsbauern die frische Milch für den Emmentaler in die Käserei.

**2** Im Kessel wurden der Milch bei einer Temperatur von 33 Grad Celsius Bakterienkulturen und das Lab zugesetzt, um die Fermentierung einzuleiten. Wenn die angedickte Milch über den Finger bricht, beginnt das Zerschneiden mit der Harfe. Es erfordert schon ein enormes Fingerspitzengefühl, durch richtiges Rühren die Bruchgröße zu bestimmen.

**3** Nachdem der Käsebruch ein weiteres Mal erwärmt worden ist, schöpft man ihn mit einem großen Baumwolltuch ab. Durch das Tuch fließt die Molke in den Kessel zurück. Für einen 90-kg-Emmentaler werden mehr als 1000 Liter Milch benötigt

**4** Die Masse wird in runde Formen, sogenannte Worbe, gepreßt. In diesen wächst der Bruch über Nacht zum Laib zusammen. Anschließend wandert er in ein Salzbad, um dem Käse weitere Molkeflüssigkeit zu entziehen und ihn haltbar zu machen.

**5** Die Reifung erfolgt im Keller bei exakt einzuhaltenden Temperaturen. Bei der Lagerung entstehen die berühmten Löcher im Emmentaler: Spezielle Bakterien produzieren Gärgase, die die typischen Luftblasen entstehen lassen. Doch damit ist die Arbeit nicht getan. Mehrmals wöchentlich müssen die Laibe gewendet und mit Salzwasser eingerieben werden.

**6** Um Fortschritt und Güte zu prüfen, entnimmt der Käser bei einer Probebohrung ein Stück und »erschnuppert« Reifegrad und Qualität.

**7** Nach getaner Arbeit lassen sich die Käsespezialisten ihre Werke schmecken.

Barocke Raumkunst in Vollendung: In der Klosterkirche Ottobeuren verschmelzen Architektur, Plastik und Malerei zu harmonischer Einheit. Die farbenprächtigen vielfigurigen Deckenmalereien von Johann Jakob Zeiller und seinem Bruder Franz Anton lösen den Kirchenraum ins Unendliche auf – als würde sich der Himmel öffnen.

# Das Unterallgäu

Immer wieder recken sich zwischen Leutkirch und Mindelheim aus blankgeputzten Dörfern weiße Kirchlein in den Himmel, saugen sich die Augen am satten Grün der Wälder und Wiesen fest. Allzuviel warfen die steinigen Böden früher nicht ab – Überbleibsel einer Zeit, als die Gletscher ihre weißen Tatzen ins Voralpenland streckten. Reich wurden manche trotzdem: die Memminger Kaufleute etwa, die stattliche Patrizierhäuser errichten ließen, oder der Klerus, der sich prachtvolle Barockkirchen und mit Kloster Ottobeuren sogar einen »Schwäbischen Escorial« schuf. Wallenstein zog vor die Tore Memmingens, der »Landsknechtvater« Georg von Frundsberg für seinen Kaiser von Mindelheim bis nach Italien. Und in Stephansried wurde Sebastian Kneipp geboren, nach dessen Anweisungen noch heute in Bad Wörishofen und vielerorts gekurt wird.

*Das Konzertleben in Ottobeuren erfüllt höchste Ansprüche. Eugen Jochum, Herbert von Karajan und Leonard Bernstein dirigierten schon im Kaisersaal des Klosters. Die Aufführungen in der prachtvollen Barock-*

*basilika locken jedes Jahr Klassikfreunde aus aller Welt an. Von den berühmten Riepp-Orgeln können sich Besucher der Abteikirche während der samstäglichen Orgelkonzerte verzaubern lassen. Kurverwaltung, Tel. 0 83 32/92 19 52, Fax 92 19 92*

**Lebensgroß und Mittelpunkt: Kneipp-Denkmal im Kurpark Bad Wörishofen**

**Europas größte: Falknerei Adlerhorst bei Bad Wörishofen**

**EXTRA-TIP**

*Zu den wichtigsten Grundsätzen einer Kneippkur zählt die »Hydrotherapie«. Über die Haut trainiert Wasser den ganzen Organismus: Gefäße, Venen und*

*Arterien, aber auch Lunge, Herz und Nervensystem. Eine besonders bekannte Form der Wasseranwendung ist das Wassertreten. Öffentliche Wassertretstellen gibt es überall in Bad Wörishofen: im Kurhaus, im Kur- und im Ostpark, in der Kaufbeurer- und in der Schöneschacherstraße, im Eichwald und in der Gartenstadt.*

**Krippenmuseum Mindelheim: »Hochzeit zu Kana«**

Früher einmal hieß das Land vor den Alpen »blaues Allgäu« – des Flachses wegen, der damals angebaut wurde und im Sommer wie ein blauer Teppich im Wind wogte. Heute dominiert Grün mit braunen Flecken: Im Unterallgäu sind die Kühe, sind Milch und Käse zu Hause. Eine bucklige Welt voller Wiesen und Wälder, mit einsamen Bauernhöfen, idyllischen Dörfern und stolzen Städtchen, mit verträumten Landstraßen und schattigen Forstwegen und mit zahllosen kleinen Flüssen, die oft naturbelassen durch romantische Täler ziehen.

## Vom Bauerndorf zum Weltbad

Eine Gegend, so richtig zum Entspannen und Gesundkuren – vielleicht hat sich das auch der Pfarrer Sebastian Kneipp gedacht, als er am 2. Mai 1855 in Wörishofen eintraf. Der gelernte Weber und spätberufene Priester brachte auf Geheiß des Augsburger Bischofs die heruntergekommene Klosterwirtschaft der Dominikanerinnen auf Vordermann, gründete eine »Mädchenverwahranstalt« – und sorgte mit seinen revolutionären Heilmethoden dafür, daß aus dem verschlafenen schwäbischen Bauerndorf ein Welt-

**Kurkonzert im Bad Wörishofener Konzertpavillon**

bad wurde: Bad Wörishofen. 1891 entschied sich der Gemeinderat mit der Mehrheit von einer Stimme dafür, Kurort zu werden. Den Bauern standen die Haare zu Berge, der Bürgermeister trat zurück, doch die Gäste kamen. Heute arbeiten insgesamt 70 Ärzte und 600 Therapeuten nach Kneippschen Grundsätzen, rund 200 Kurbetriebe besitzen eine hauseigene Badeabteilung mit ausgebildetem Fachpersonal, das aus dem vollen schöpfen kann: Etwa 130 Güsse, Bäder, Wickel und Waschungen umfaßt allein das Repertoire der Wasseranwendungen. Überall in der Stadt erinnern Denkmäler und Gedenktafeln an den »genius loci«. Selbst in der von Franz Beer 1719–23 erbauten und von den Brüdern Zimmermann ausgestalteten Klosterkirche stößt man auf sein Bildnis.

Frundsbergdenkmal am Mindelheimer Rathaus

Mindelheimer Wahrzeichen: Die glänzend restaurierte Mindelburg

Rokokojuwel: Die Mindelheimer Jesuitenkirche

Man hat das Fresko jedoch erst 1936 hinzugefügt. Höhepunkt der Kneippbegeisterung: das Kneippmuseum im Klosterostflügel und die zweiwöchentliche Aufführung des Films »Wasserdoktor« im Kurhaus.

## »Vater der Landsknechte«

60 000 Gulden legte Mitte des 15. Jahrhunderts ein Ritter von Frundsberg auf den Tisch, um Burg und Stadt Mindelheim zu erwerben. Wenig später wird auf dem Schloß, das glänzend restauriert von einem Hügelkamm hoch über der Stadt ins Mindeltal blickt, der kaiserliche Feldhauptmann Georg von Frundsberg geboren. Der furchtlose Soldat formte die »Landsknechte« zu einer schlagkräftigen Truppe, die in ganz Europa gefürchtet war. Unter seinem Befehl erfochten die zu Fuß kämpfenden Söldnerhaufen so manchen Sieg; zu den bedeutendsten zählen die Schlachten von Bicocca (1522) und Pavia (1525), die des Kaisers Vorherrschaft in Italien sicherten. In Mindelheim ist der legendäre »Vater der Landsknechte« auch noch nach über 450 Jahren allgegenwärtig: Das Rathaus schmückt ein Frundsberg-Denkmal, die Stadtpfarrkirche bewahrt sein Totenschild. Und während des alle drei Jahre stattfindenden Frundsbergfestes formieren sich in den engen Gassen der Altstadt über 2000 in historische Kostüme gekleidete Mindelheimer zu einem glanzvollen Festzug. Eine ganze Stadt schreitet zurück ins Mittelalter und feiert, bis die Humpen brechen.

## Der »Schwäbische Escorial«

Es war vielleicht kein Zufall, daß der im nahen Stephansried geborene Sebastian Kneipp in der Klosterkirche zu Ottobeuren getauft wurde. Denn wem in solch prachtvoller Umgebung das geweihte Wasser über die Stirn rinnt, muß ein Auserwählter sein. Auserwählte waren es auch, die den Neubau der seit 764 existierenden Benediktinerabtei planten und durchführten: Das Konzept der Anlage stammt von Abt Rupert Neß, der das Kunststück fertigbrachte, das Großunternehmen mit Schulden zu beginnen und bei seinem Tod 1740 eine ausgeglichene Bilanz zu hinterlassen. In den Händen eines weiteren Klosterinsassen, des Paters Christian Vogt, lag ab 1711 die bauhandwerkliche Ausführung. Abt Anselm Erb vollendete schließlich das Werk, das man seiner Ausmaße und seiner prachtvollen Ausstattung wegen mit dem spanischen Escorial verglichen hat. Die besten Künstler wurden herangezogen, darunter das bayerische Architektengenie Dominikus Zimmermann und der Wessobrunner Stukkator Johann Michael

**EXTRA-TIP**

*In eine der ältesten Mühlen Bayerns, bei Unteregg, ist eine urige Wirtschaft eingezogen. Die Fische kommen aus den Weihern, auch das Mühlrad dreht sich wieder.*
*Katzbrui-Mühle, Tel. 0 82 69/5 75 tgl. 11–24 Uhr, 14 Zimmer, unteremittlere Preisklasse*

Unter Landschaftsschutz: Auenlandschaft im Illertal

Ein Dorf im Dorf – und zugleich ältestes bayerisches Freilichtmuseum

Ottobeuren: Romanisches Gnadenkreuz in der Klosterkirche

Illerbeuren: Herrgottswinkel im Freilichtmuseum

**EXTRA-TIP**

*Wer menschliche Schaffenskraft am Werk wähnt, der irrt sich. Die »Geologischen Orgeln« westlich von Otto-*

*beuren sind ein Spiel der Natur: runde, ca. 10 m tiefe Röhren, die vor etwa 500 000 Jahren entstanden, als in das Nagelfluhgestein Wasser eindrang. Man erreicht sie per pedes über einen ausgeschilderten Wanderweg vom Parkplatz oberhalb der Basilika aus.*

Feichtmayr. Johann Michael Fischer gilt als Baumeister der doppeltürmigen Basilika, die zu den bedeutendsten Barockkirchen Deutschlands zählt. Seit 1949 nutzen berühmte Solisten, Ensembles und Dirigenten ihre hervorragende Akustik: Während der Ottobeurer Konzerte verschmelzen klassische Musik und barocke Raumpracht zu einem Kunstsuperlativ europäischen Ranges – und zu einem unvergleichlichen Urlaubserlebnis. Wem der Sinn nach bodenständigeren Genüssen steht, sollte den nahen »Hirschen« aufsuchen: Hier werden die Ottobeurer Weiße und der Doppelbock gebraut und ausgeschenkt.

## Lebendige Einsichten

Bayerns ältestes Freilandmuseum steht in Illerbeuren: Als es 1955 seine Tore öffnete, konnte noch niemand ahnen, daß sich daraus Jahre später ein Trend entwickeln und allerorten Bauernhofmuseen wie Pilze aus dem Boden schießen würden. Nicht selten wurde – und wird – dabei zusammengetragen, was »der Markt« hergibt, oft auf Kosten der historischen Authentizität. Nicht so in Illerbeuren. Das Areal präsentiert sich als wahres Kleinod süddeutscher »Erinnerungsarbeit« – ein Dorf im Dorf: Der Eingang liegt mitten in der Ortschaft, und mehrere Gebäude stehen an ihrem ursprünglichen Standort. Die restlichen Objekte, Fachwerkbauernhöfe, Werkstätten, Wasserpumpe, Windrad und Heustadel, stammen zum größten Teil aus der unmittelbaren Umgebung; zusammen mit Möbeln, Hausrat und Gerätschaften aller Art vermitteln sie lebendige Einblicke in die ländliche Kultur und Lebensweise vergangener Tage. Eine in Deutschland einzigartige Sammlung zeigt das Schützenmuseum in Haus Nr. 14; das Spektrum reicht vom Miniabzeichen bis zur vier Meter hohen Schützenscheibe, von der Armbrust bis zur modernen Präzisionswaffe. Turbulenter Jahreshöhepunkt ist Anfang Mai das Frühlingsfest: Dann spielt die »Musi« auf, Gaukler verschlucken

as »Bauernhofmuseum« in Illerbeuren

Ein Traum aus Stuck und Marmor: Wallfahrtskirche Maria Steinbach

Barocker Bücherpalast: 44 Stuckmarmorsäulen tragen die Empore in der Klosterbibliothek Ottobeuren

**EXTRA-TIP**

*Wie wäre es mit einem Abstecher nach Legau? Rund um den historischen Marktplatz gibt es einiges zu entdecken: zum Beispiel das*

*einstige Kornhaus, das Geburtshaus des Bildhauers Joseph Echteler und den altehrwürdigen Gasthof »Löwen«. Wer möchte, fährt weiter nach Lehenbühl zum Wallfahrtskirchlein Maria Schnee, das vom Baumeister Johann Schmuzer 1715 errichtet wurde.*

messerscharfe Rasierklingen, und von überall her steigt der Duft von Frischgebackenem in die Nase.

## Erst die Kirche, dann die Stadt

Eine liebenswerte Kleinstadt und an die 200 Dörfer, Weiler und Einödhöfe machen Leutkirch zu einer der größten Gemeinden Baden-Württembergs. Gegründet wurde der Ort – der Name verrät es – von einfachen Leuten, die sich vor über 1200 Jahren eine kleine Kirche, die »Leutekirche«, errichteten und im Umkreis ihre Katen aufstellten. Später wurde daraus eine richtige Stadt, 1293 gar eine Freie Reichsstadt. Als Zentrum der Leinwandweberei und Gerberei erwarb sich der Ort im 17. und 18. Jahrhundert zu seinem klangvollen Status auch die klingende Münze: Eindrucksvolle Zeugnisse des einstigen Reichtums sind die alten Bürgerhäuser der Leutkircher Patrizier, die sich rund um das spätbarocke Rathaus am Marktplatz drängen. An der Stadtmauer

Nur von außen zu besichtigen: Schloß Zeil bei Leutkirch

Schmuckstück der Buxheimer Klosterkirche: Das frühbarocke

**EXTRA-TIP**

*Mittwochnachmittags kommt der Seiler. Er zeigt im Heimatmuseum »Haus zum Bock« in Leutkirch neben dem Blaserturm, wie ein Springseil entsteht; die Kinder dürfen es anschließend mit nach Hause nehmen. Daneben können komplett*

*eingerichtete Handwerker- und Wohnräume, darunter ein Kinderzimmer mit Puppenstuben, besichtigt werden.*
*Am Gänsbühl,*
*Tel. 0 75 61/8 71 49,*
*Mi 15–18 Uhr,*
*So/Fei 10–12 und 14–17 Uhr*

Buxheim: Katholische Pfarrkirche von Dominikus Zimmermann

»kleben« noch immer einige der typischen Weberhäuser; in der »Dunk«, der Weberwerkstatt im Untergeschoß, wurden die begehrten Stoffe hergestellt, die geschäftstüchtige Kaufleute in alle Himmelsrichtungen exportierten.

## Chorgestühl auf Reisen

Mit dem verschwendungssüchtigen Grafen Hugo Philipp Waldbott von Bassenheim begann 1883 die abenteuerliche Wanderung des Chorgestühls aus der Buxheimer Kartause durch Europa. Bis zum Hals in Schulden, verkaufte er das wertvolle Kunstwerk, eine Arbeit des Tirolers Ignaz Waibel aus dem letzten Drittel des 17. Jahrhunderts, zu einem Spottpreis an ein Auktionshaus in München. Von dort aus gelangte es nach Amsterdam, dann erwarb es der Direktor der Bank von England, und dieser schenkte es den Schwestern eines Hospitals. Teile wurden zersägt, andere irgendwann mit schwarzem Bootslack überzogen. 1962 wechselte das schwere Eichenholzgestühl schließlich in die Grafschaft Kent. Rund zwei Millionen Mark investierte 1980 der Bezirk Schwaben, um es zurückzukaufen. Daß die Ausgabe sich gelohnt hat, davon können sich die Besucher der Buxheimer Klosterkirche überzeugen: Das aufwendig restaurierte Chorgestühl steht heute wieder an seinem angestammten Platz.

Blickfang: Siebendächerhaus in Memmingen

## Römer, Bauern, Kaufleute

Tore, Türme, Giebel – Memmingens Stadtbild bestimmt die Geschichte, die auf Schritt und Tritt präsent ist: bei einem Bummel durch die Altstadt am geschäftig rauschenden Stadtbach entlang oder beim

**Chorgestühl von Ignaz Waibel**

**Historienspektakel: Memminger Wallenstein-Spiele**

Spaziergang durch die Grünanlagen in den ehemaligen Festungsgräben und an den Schanzen. Allenthalben stößt man auf großartige Kaufmannspaläste und reichverzierte Zunfthäuser – eindrucksvolle Zeugnisse Memminger Bürgerstolzes. Die verkehrsgünstige Lage am Schnittpunkt bedeutender Handelsstraßen hat seit je die Menschen angezogen: römische Legionäre, alemannische Völkerwanderer und fränkische Händler. Sie hat aus dem Dorf in kurzer Zeit einen Markt, aus dem Markt eine reichsfreie Stadt, und aus der Stadt schließlich eines der bedeutendsten Zentren des Allgäus gemacht. Gehandelt wurde seinerzeit mit Gewürzen, Salz, Wein und Stoffen – und mit Ideen: 1523 schwenkte der Rat auf die Seite der Reformation über; zwei Jahre später verfaßten im Kramerhaus am Weinmarkt aufständische Bauern ihre berühmten zwölf Artikel und entfachten damit in ganz Süddeutschland die Fackel des Aufruhrs – Bauernkrieg!

**Memminger Marktplatzensemble: Renaissancerathaus und Steuerhaus**

## Memminger Geschichten

Während des Dreißigjährigen Krieges hielt Wallenstein Einzug in der Stadt – an und für sich nur eine historische Marginalie und nicht weiter erwähnenswert, gäbe es da nicht jenes aufwendig inszenierte Volksschauspiel, das seit 1980 im Vierjahresrhythmus aufgeführt wird und sich mittlerweile zu Bayerns zweitgrößtem Historienspektakel entwickelt hat: Über 2000 Mitwirkende schlüpfen in historische Kostüme und stellen den Aufenthalt des Generalissimus im Jahre 1630 in Memmingen nach – kein Festzug üblicher Prägung, sondern lebendige »Vergangenheitsbewältigung«. Dazu gesellen sich wilde Reiterspiele und mittelalterliches Markttreiben an der Stadtmauer. Zuvor jedoch wird in den Stadtbach »gejuckt« – das allerdings jedes Jahr und immer am letzten Samstag vor den Schulferien. Dann ist Kinderfest und Fischertag, dann springen an die tausend Bürger mit handlichen Holzgabelnetzen, den sogenannten »Bären«, in den Bach, um ihn auszufischen. Und wer den größten Fang im Kescher hat, wird Fischerkönig – so war es im Mittelalter, als der Stadtbach einmal im Jahr zur Reinigung abgelassen werden mußte; und so ist es auch heute noch. Ein großer Spaß, allerdings nur einer für Männer: Selbst nach erst kürzlich erfolgtem Gang vors Gericht sind zu diesem Vergnügen bis heute keine Frauen zugelassen – Memminger Geschichten!

**EXTRA-TIP**

*Im Restaurant »Schwarzer Ochsen« des »Park-Hotels an der Stadthalle« sorgen regionale Schmankerl für den richtigen Gaumenschmaus. Die alte Brauereigaststätte in unmittelbarer Nähe des Memminger Marktplatzes lockt mit einem Biergarten und Spezialitäten aus der schwäbischen, der bayerischen und der Allgäuer Küche. Ulmer Str. 7, Tel. 0 83 31/93 20, tgl. 11–15, 17.30–24 Uhr, 90 Zimmer, obere Preisklasse*

OCHSEN-HAUSEN
MINDELHEIM
BAD WÖRISHOFEN
MEMMINGEN
Ottobeuren
Bad Grönenbach
LEUTKIRCH i.Allgäu
BAD WURZACH
KAUFBEUREN
MARKT-OBERDORF
KEMPTEN (Allgäu)
Dietmannsried
Altusried
Obergünzburg
Türkheim
Buxheim
Kronburg
Woringen
Legau
Rettenbach
Erkheim
Babenhausen
Kirchdorf
Berkheim
Aichstetten
Kimratshofen
Irsee
Friesenried
Sontheim
Westerheim
Ungerhausen
Benningen
Hawangen
Wolfertschwenden
Markt Rettenbach
Lachen
Rot
Erlenmoos
Heimertingen
Pleß
Fellheim
Boos
Niederrieden
Kammlach
Pfaffenhausen
Heising
Lauben
Buchloe
Unterthingau
Kraftisried
Günzach
Ronsberg
Eggenthal
Baisweil
Germaringen
Pforzen
Rieden
Schwabmühlhausen
Kettershausen
Wiggensbach
Winterstetten
Hinznang
Beuren
Neutrauchburg
Ratzenried
Herlazhofen
Gebrazhofen
Schwäbische Bäderstraße
Oberschwäbische Barockstraße
E43
E54
E532
1
2 C
3
4
5
6
7 A
8
9 B

## SEHENSWERTES

Die **Autotagestour** führt von Memmingen ins nahe Buxheim, nach Leutkirch, zur Kirche Maria Steinbach und zum Bauernhofmuseum in Illerbeuren. Über Ottobeuren, Bad Wörishofen und Mindelheim geht es zurück.

### MEMMINGEN ★★

**1** Die Altstadt ist heute fast ein lebendes Architekturmuseum: Um den Marktplatz gruppieren sich das Rathaus von 1589, das Steuerhaus mit Laubengang und das Haus der Großzunft. Durch die Fußgängerzone gelangt man zu den Zunfthäusern am Weinmarkt, zum Siebendächerhaus und zur Frauenkirche mit gotischer Wandmalerei. Im Fuggerbau logierten schon Wallenstein und der Schwedenkönig Gustav Adolf. St. Martin besticht mit seinen gotischen Wandmalereien von Hans und Bernhard Strigel und dem Chorgestühl (um 1505), das als eines der schönsten Deutschlands gilt. In den spätbarocken Herman-Palazzo hat das Städtische Museum Einzug gehalten.
*Zangmeisterstr. 8, Tel. 0 83 31/ 85 01 34, Mai–Okt. Di–Fr und So/Fei 10–12 und 14–16 Uhr*

### BUXHEIM ★★

**2** Wie dürftig die Kartäusermönche lebten, zeigt ein Blick in eine der noch erhaltenen Zellen der einstigen Reichskartause (heute Museum). In der Klosterkirche steht ein einzigartiges barockes Chorgestühl aus Eichenholz, das 1684–89 der Tiroler Ignaz Waibel schnitzte.
*Tel. 0 83 31/7 19 26, Apr.–Okt. Mo–Fr 10–12 Uhr und tgl. 14–16 Uhr*

### LEUTKIRCH ★

**3** Die einstige Weberstadt besitzt am Marktplatz und am Gänsbühl hübsche Architekturensembles. Das spätbarocke Rathaus glänzt mit einer reizvollen Stuckdecke im Innern. Sehenswert sind das Kornhaus, die alte Stadtapotheke von 1640, der Blaserturm und das Museum im Haus zum Bock. Einen Abstecher lohnen auch die Leinwandweberhäuschen in der Schneegasse.

### MARIA STEINBACH ★★

**4** Pater Benedikt Stadelhofer gilt als Architekt der prächtigen Rokokokirche (1749–1755), die im 18. Jh. ein bedeutendes Pilgerziel war. Begraben liegt hier Johann Georg Üblher, von dem der größte Teil des herrlichen Stucks und der Plastiken stammt.

### ILLERBEUREN ★

**5** Direkt im Dorf entstand 1955 Bayerns ältestes Freilichtmuseum. Fünf der über 20 historischen Gebäude stehen noch am angestammten Platz. Haus Nr. 14 beherbergt das Schwäbische Schützenmuseum, der Gromerhof ein Restaurant mit regionalen Spezialitäten.
*Museumsstr. 8, Tel. 0 83 94/ 14 55, Apr.–15. Okt. Di–So 9–18 Uhr, 16.Okt.–Nov. und März 10–16 Uhr*

### OTTOBEUREN ★★★

**7** 1711 war der Baubeginn des »Schwäbischen Escorials«, des riesigen Klosterkomplexes Ottobeuren. Der doppeltürmigen Basilika gab Johann Michael Fischer Gestalt. Die 89 m lange Kirche gilt als Höhepunkt der Barockkunst in Bayern. Der Stuck stammt von Johann Michael Feichtmayr, die Deckenfresken sind von Johann und Franz Zeiller. Die Orgel ist für ihre Klangfülle berühmt, und zu hören bei den Klosterkonzerten. Zum Klosterrundgang gehören die Bibliothek mit 15 000 Schweinslederbänden und die Kunstsammlung.
*Tel. 0 83 32/79 80, 10–12 und 14–17 Uhr*

**Strahlender Mittelpunkt: Die Basilika von Ottobeuren**

### BAD WÖRISHOFEN ★

**8** Alles Kneipp im hübschen Kurort mit Fußgängerzone, vielen Läden und Cafés! Bevor der »Wasserdoktor« kam, waren schon Nonnen des Augsburger Dominikanerinnenklosters St. Katharina da. Zur künstlerischen Gestaltung der von Franz Beer geschaffenen Barockkirche trugen die Brüder Zimmermann bei. In den Klosterräumen ist ein sehenswertes Kneipp-Museum untergebracht.

### MINDELHEIM ★

**9** Mindelheim ist eine Stadt der Museen. Im ehemaligen Jesuitenkolleg in der Hermelestraße 4 sind gleich drei zu finden: das Krippenmuseum, das Textilmuseum und das Vorgeschichtsmuseum. Ein Erlebnis ist das Turmuhrenmuseum in der ehemaligen Silvesterkirche. Zwischen den drei Stadttoren, von denen sich das Obere Tor im Fasching zum größten »Hanswurst« der Welt verwandelt, bummelt man zum Barockjuwel Jesuitenkirche am Unteren Tor. Das mittelalterliche Frundsbergfest mit Festzug, Freilichttheater, Bauernmarkt und »Mummenschanz« wird alle drei Jahre gefeiert (das nächste Mal Ende Juni/Anfang Juli 2000).

## ESSEN & TRINKEN

### MEMMINGEN

**1** Im Biergarten oder in der gemütlichen Wirtsstube des Restaurants »Zum Strauß« sollte man unbedingt Schwäbischen Zwiebelrostbraten mit Kässpätzle und zum Nachtisch hausgemachtes Mohnparfait bestellen.

**Buxheimer Annakapelle**

*Ulmer Str. 13, Tel. 0 83 31/ 44 82, Mo–Sa 11–14 und tgl. 17–1 Uhr, mittlere Preisklasse*

### BAD GRÖNENBACH

**6** Schwäbische Landhausküche wird in der »Badischen Weinstube« serviert: Grönenbacher Fischallerlei, Krautkrapfen oder Kässpatzen-Trilogie mit Bärlauch, Weißlacker und Emmentaler.
*Marktplatz 8, Tel. 0 83 34/ 5 05, tgl. 10–24 Uhr, untere–mittlere Preisklasse*

## WANDERN UND RADWANDERN

**A** Bei der Basilika in Ottobeuren beginnt die **Fahrradtour** durch hügelige Landschaft Richtung Mindelheim. Dort links nach Stephansried zum Kneippdenkmal. Anschließend nach Attenhausen, Frechenrieden und Markt Rettenbach. Bei Maria Schnee rechts, kurz darauf links hinauf nach Eheim und Dingisweiler. Weiter nach Ollarzried, dort Richtung Ottobeuren und abwärts nach Eldern. Links und gleich wieder rechts abbiegen und zurück nach Ottobeuren.
*Strecke: 38 km, Dauer: ca. 3 Std.*

**B** Der Mindelheimer Bahnhof ist Ausgangspunkt der vierstündigen **Wanderung**. Streckenverlauf: Über die Hauptstraße Richtung Norden, dann rechts und durch die Bahnunterführung, den anderen Bahndamm entlang und in den Wald. Dort den Hauptweg einschlagen und bis ins Tal zur Unterführung. Davor dem »Schwäbisch-Allgäuer-Wanderweg« (blaues Kreuz) nach St. Anna folgen. Einkehrmöglichkeit in der »Waldgaststätte«. Zurück zur Kreuzung und den »Radweg Mindelheim« nehmen, der zum Bahnhof am Ausgangspunkt führt.

**C** Der einstündige **Spaziergang** beginnt am Landgasthaus »Weiherhaus« am Buxheimer See, wo man frischen Fisch oder andere Speisen nach hauseigenen Rezepten probieren sollte. Hinter dem »Family-Park« gelangt man auf den »Wanderweg Waldweiher«, der um die Teiche führt.

*Ein Abstecher voller Kunstgenuß führt von Mindelheim Richtung Norden ins nahe Kirchheim. Unterwegs sollte man in Pfaffenhausen halten und der barocken Pfarrkirche einen Besuch abstatten. Auf dem Dach des*

*Blindenheims nahe dem Gasthof »Storchenbräu« stellt sich jedes Jahr gefiederter Nachwuchs ein. Mit dem Zedernsaal im Fuggerschloß besitzt Kirchheim ein wahres Kunstjuwel. Er ist mit einer riesigen, bis zu 1,87 m tiefen Kassettendecke geschmückt, die Wendel Dietrich 1585 schnitzte. Tel. 0 82 66/8 60 00, tgl. 9–12 und 14–18 Uhr, Konzerte Mai–Sept.*

1
2
3
5
6

**SPECIAL**

# Wie seit alters Brauch

**Im Allgäu hat das Brauchtum einen hohen Stellenwert: Schützenfeste, Trachtenumzüge, Fasnet, die berühmten Viehscheide, bunte Reiterprozessionen, Bergmessen ... Der ganze Jahreslauf ist von christlichen, historischen und volkstümlichen Festen geprägt, bei denen sich die musische Veranlagung der Schwaben zeigt: Gesangsgruppen und Blaskapellen dürfen nirgends fehlen. Auch das alemannische Alphorn ist im Allgäu weit verbreitet. Es diente früher Hirten und Sennen untereinander als Verständigungsmittel. Seit einiger Zeit erfreut es sich als Musikinstrument zunehmender Beliebtheit. Jedes Jahr findet Ende August, stets in einem anderen Ort, das Allgäuer Alphornbläsertreffen statt, wie z. B. am Imberger Horn bei Hindelang (großes Bild). Über Veranstaltungstermine informiert der Tourismusverband Allgäu (Tel. 08 21/3 33 35).**

**1** Die alemannische Fasnet ist vor allem im Westallgäu zu Hause: Kunstvollst gearbeitete Masken uralter Sagengestalten sollen helfen, das Böse und den Winter zu vertreiben.

**2** Am Sonntag nach dem Georgstag, d. h. nach dem 23. April, findet am Auerberg alljährlich ein prächtiger Reiterzug mit alten Fahnen aus Samt und Seide statt. Die Allgäuer erbitten mit dem Georgiritt den Segen des Schutzpatrons der Pferde, einst wichtigste Nutztiere der Bauern.

**3** Wertvolle Tragehimmel, meist noch aus barocker Zeit, werden bei den Fronleichnamsprozessionen mitgeführt. Im Mittelpunkt steht der »Leib des Herrn«.

**4** Zu den Gautrachtenfesten holt man das »G'wand« hervor. Dann drehen sich die »Dirndl« zur Musik der traditionellen Volkstänze, z. B. zum Schuhplattler, wie hier in Hopfen am See.

**5** Berg- und Feldmessen unter freiem Himmel sind oft krönender Abschluß eines religiösen Fests: Das Bild zeigt eine »Holzermesse« speziell für den Berufszweig der Waldarbeiter auf der Ehrenschwangalpe.

**6** Das Tänzelfest in Kaufbeuren gehört zu den bedeutendsten historischen Festen im Allgäu. Es ist das älteste bayerische Kinderfest und versetzt die Stadt in die Zeit Kaiser Maximilians I. zurück.

**7** Am zweiten Oktobersonntag ziehen in Schwangau über 200 herausgeputzte Pferde und ihre Reiter zur Kolomanskirche, um das Vieh vom Schutzpatron segnen zu lassen.

# Kunst Kultur Brauchtum

*Am 20. Oktober 1682 wurde Anna Höß geboren. Als Franziskanerschwester Crescentia hatte sie Visionen vom Leidensweg Christi. Schon kurze Zeit nach ihrem Tod am 5. April 1744 fanden*

*Wallfahrten zu ihrem Grab in der Klosterkirche statt. Im Jahr 1900 wurde sie seliggesprochen, 1975 richtete das Crescentiakloster in*

*Kaufbeuren ihr zu Ehren eine Gedenkstätte ein. Obstmarkt 5, Tel. 0 83 41/90 70, Führungen: Mi 15 Uhr, jeden ersten und letzten Sa im Monat 15 Uhr*

## ARGENBÜHL
### Hammerschmiede

In der Gemeinde Gottrazhofen ist noch eine alte Hammerschmiede in Betrieb. Anton Netzer fertigt Kunstschmiedearbeiten an, und nach Anmeldung kann man ihm bei der Arbeit zusehen.
*Gottrazhofen 4, Tel. 0 75 66/4 43*

## BAD WÖRISHOFEN
### Sebastian-Kneipp-Museum

Die Ausstellung gewährt einen Einblick in Leben und Wirken von Sebastian Kneipp, der als Begründer der »Hilfe zur Selbsthilfe« in die Geschichte einging.
*Schulstr., Tel. 0 82 47/96 90 39, 15. Jan.–15. Nov. Mi–Fr 15–18 Uhr, So 10–12 Uhr*

## FISCHEN
### Kultur- und Brauchtumstage

Eine spritzige Mischung aus Kulturveranstaltungen, die die Fischener alljährlich im Mai organisieren: mit Lesungen mundartlicher Dichter und Konzerten weltberühmter Orchester; Kabarettisten – z. B. Georg Ringsgwandl – und Jazzbands runden das Bild ab.
*Kurverwaltung, Tel. 0 83 26/18 15*

## FÜSSEN
### Fürstensaalkonzerte

Der prachtvolle Barocksaal im Kloster St. Mang bildet von Juni bis August den festlichen Rahmen für klassische Musik. Internationale Künstler geben sich dann ein Stelldichein.
*Kulturamt, Tel. 0 83 62/90 31 47*

## KAUFBEUREN
### Kunsthaus

Bis zu fünf Kunstausstellungen im Jahr finden hier statt: von Malern über Bildhauer bis hin zu afrikanischen Masken.
*Spitaltor 2, Tel. 0 83 41/86 44*

### Tänzelfest

Alljährlich wird das älteste und eines der schönsten Kinderfeste Bayerns gefeiert: mit historischen Kostümen, mittelalterlichem Lagerleben und großem Rahmenprogramm. Höhepunkt ist der nachgestellte Einzug Kaiser Maximilians I. im Jahre 1497 mit Pferdewagen, Musikgruppen und etwa 1600 Kindern.
*Verkehrsverein, Tel. 0 83 41/4 04 05*

## KEMPTEN
### Allgäuer Festwoche

Glanzvoller Höhepunkt des südschwäbischen Kultur- und Wirtschaftslebens ist die Mitte August stattfindende Allgäuer Festwoche – eine traditionsreiche Landwirtschaftsmesse mit Jahrmarkt und Folkloreumzügen.
*Tourismusamt, Tel. 08 31/2 52 54 32*

**»Stadtmuseum« in Lindau**

**Wettstreit um den dicksten Fang: Der Memminger »Fischertag«**

### Alpinmuseum

Unter dem Motto »Der Mensch und das Gebirge – von der Geschichte bis zur Neuzeit« zeigt die Zweigstelle des Bayerischen Nationalmuseums eine Dokumentation über die Erschließung der Alpen, das harte Leben der Bergbauern sowie die Entwicklung des Alpinismus bis hin zum Skifahren. Voraus gehen die Entstehung und eine Topographie des Gebirges.
*Landwehrstr. 4, Tel. 08 31/54 01 80, Di–So 10–16 Uhr*

### APC Archäologischer Park Cambodunum

Auf dem Lindenberg kann man einen gallo-römischen Tempelbezirk als Teilrekonstruktion auf den ursprünglichen Grundmauern besichtigen. Von Juni bis August findet der APC-Sommer mit Kulturveranstaltungen statt.
*Cambodunumweg 3, Tel. 08 31/7 97 31, Mai–Okt. Di–So 10–17, Nov./Dez. und März/Apr. 10–16.30 Uhr, kostenlose Führungen: So 11 Uhr*

## KISSLEGG
### Museum Expressiver Realismus

Kunst ist Anschauungssache – wörtlich zu nehmen im Neuen Schloß, in dem man einen Überblick über den expressiven Realismus erhält. Über hundert Bilder von deutschen Malern der Jahrhundertwende dokumentieren die Weiterentwicklung der epochalen Vorstöße eines van Gogh oder Cézanne.
*Tel. 0 75 63/93 61 42, Ostern–Mitte Nov. Di–So 10–17 Uhr, Mitte Nov.–Ostern Sa/So 13–17 Uhr*

**Erinnerung an die Römerzeit in Kempten: D**

## LEUTKIRCH
### Historisches Kinderfest

Kurz vor den Sommerferien schlüpfen die Leutkircher Kinder in historische Kostüme und gestalten ihr Fest, darunter den großen Umzug mit Trachten- und Gastgruppen der Partnerstädte, Pferdewagen und vielen Musikkapellen. Im Anschluß daran geht es auf den Rummelplatz.
*Gästeamt, Tel. 0 75 61/8 71 54*

## LINDAU
### Stadtmuseum

Die sehenswerte Sammlung ist im Haus zum Cavazzen, einem reichgeschmückten Bürgerhaus aus dem Jahr 1729, untergebracht. Neben Dokumenten zur wechselvollen Stadtgeschichte – besonders zur bürgerlichen Wohnkultur – enthält sie Kunstobjekte und eine Kollektion von Musikautomaten.
*Marktplatz 6, Tel. 0 83 82/94 40 73, Apr.–Okt. Di–So 10–12 und 14–17 Uhr*

## MEMMINGEN
### Fischertag und Wallensteinfest

Ende Juli Punkt acht Uhr morgens springen etwa 1000 männliche Bürger in den Stadtbach, um ihn leerzufischen. Wer den größten Fang hat, wird Fischerkönig. Am folgenden Sonntag – allerdings nur alle vier Jahre – findet das Wallensteinfest mit historischem Theater, Umzügen, Lagerleben und wilden Reitereien statt. Nächster Termin: 2000.
*Tel. 0 83 31/85 01 72*

### Antonierhaus

Die Antoniter, ein Hospitalorden aus Frankreich, der sich ausschließlich der Heilung und Pflege von Kranken widmete, errichteten in der zweiten Hälfte des 15. Jh.s diese beeindruckende Vierflügelanlage, die heute neben der Stadtbibliothek das Strigel- und Antoniter-Museum beherbergt.
*Martin-Luther-Platz 1, Tel. 0 83 31/ 85 02 46, Di–Sa 10–12 und 14–16 Uhr, So und Fei 10–12.30 und 13.30–17 Uhr*

Archäologische Park Cambodunum« auf dem Lindenberg

## MINDELHEIM
### Turmuhrenmuseum

Rund 50 Turmuhren aus der Zeit von 1562 bis 1933 sind hier zu bewundern. Diese Sammlung gehört zu den reichhaltigsten ihrer Art in Deutschland.
*Hungerbachgasse 9, Tel. 0 82 61/ 99 15 69, Führungen: Mi 14–16 Uhr und jeden letzten So im Monat 10–12 und 14–16 Uhr*

### Frundsbergfest

In Erinnerung an den als »Landsknechtvater« in die Geschichte eingegangenen Georg von Frundsberg gibt es alle drei Jahre ein Fest mit mittelalterlichem Markt, Landsknechtlager, Tänzen, Minnesang und einem großen Umzug. Im Jahr 2000 ist es wieder soweit.
*Verkehrsbüro, Tel. 0 82 61/99 15 69*

## OBERSTDORF
### Musiksommer

Seit 1993 findet jährlich ab Mitte Juli vier Wochen lang das internationale Klassikfestival mit Solisten und Ensembles von Weltrang statt. Außerdem werden Meisterkurse abgehalten.
*Tel. 0 83 22/70 02 67*

### Wilde-Männle-Tanz

Er ist der älteste deutsche Kulttanz, der alle fünf Jahre aufgeführt wird. Seine Wurzeln hat er in Sagengestalten und heidnischen Kobolden, die angeblich von Kräutern lebten und Gemsen hielten. Das nächste Mal tanzen die in Baumflechten gehüllten Gestalten im Jahr 2000 durch den Sommer.
*Tel. 0 83 22/70 02 22*

## SCHEIDEGG
### Handwerkermuseum

Die Ausstellung illustriert die traditionellen Allgäuer Handwerksberufe und das Leben um die Jahrhundertwende.
*Kurverwaltung, Tel. 0 83 81/8 95 55, Führungen: Mi 10 Uhr, erster und dritter So im Monat 9.45–12 Uhr*

## SONTHOFEN
### Egga-Spiel

Zu den Bräuchen heidnischer Herkunft gehört das alle drei Jahre aufgeführte Egga-Spiel (nächster Termin 2000). Die Masken sind im sehenswerten Museum, dem Heimathaus, ausgestellt.
*Sonnenstr. 1, Tel. 0 83 21/33 00, Mitte Juni–Aug. Di, Do/Fr 10–12 und 15–18 Uhr, Mi 10–12 und 18–21 Uhr, Sa 15–18 Uhr, So und Fei 10–12 Uhr*

Das »Egga-Spiel« in Sonthofen

Oberstdorf: »Wilde-Männle-Tanz«

## WAAL
### Passions- und Heiligenspiele

Im ältesten Volkstheater Bayerisch-Schwabens werden seit 1626 alle drei bis fünf Jahre zwischen dem 1. Juni und dem 15. Oktober die bekannten Passions- und Heiligenspiele aufgeführt.
*Tel. 0 82 46/4 00*

## WASSERBURG
### Museum im Malhaus

Das 1597 errichtete Malhaus schrieb als Gerichtsgebäude in der Zeit der Hexenprozesse dunkle Geschichte. Neben Kerkerzellen kann man die heimatkundliche Sammlung besuchen.
*Gartenweg 8, Tel. 0 83 82/8 95 16, Mitte Mai–Okt. Di–So 10–12 Uhr, Mi und Sa auch 15–17 Uhr*

*In zweijährigem Turnus (das nächste Mal 1998) treffen sich Schüler der Holzschnitzerschulen aus dem Grödnertal in Südtirol, dem Tiroler Lechtal und aus Oberammergau im Juni zum internationalen Schnitzerfest in Jungholz. Unter freiem Himmel kann jeder zusehen, wie die Kunstwerke aus Holz entstehen.*

*Den Abschluß bildet ein fröhliches Fest. Tourismusverband Jungholz, Tel. 0 83 65/81 20. Wert auf Tradition – und eine ausgezeichnete Küche – legt das »Sporthotel Adler« mitten im Ort. Zu seinen besonderen Schmankerln zählt die Roulade vom Hirschkalb mit hausgemachten Kartoffeltalern. Familie Karl Heichele, D-87491 Jungholz, Tel. 0 83 65/81 02, Fax 81 63, 43 Zimmer, mittlere–obere Preisklasse*

# Essen und Trinken

*Die Mehltruhe ist das Schatzkästchen der schwäbischen Kochkunst. Aus ihr kommen die berühmten Spätzle und die daneben wichtigste Beilage, die Schupfnudeln. Deren Zubereitung ist denkbar einfach: 500 g Mehl, eine*

*Prise Salz und 350 ml Wasser werden vermengt und kräftig durchgeknetet. Auf einem Brett »schupft« man den Teig zu fingerbreiten Nudeln. Nach einer Stunde Ruhezeit werden sie in heißem Wasser fünf Minuten lang gekocht, abgeschreckt und in Butter kurz glänzend gebraten. Am besten passen die Schupfnudeln zum Sauerkraut. Guten Appetit!*

## BIESSENHOFEN
### Neue Post

Ein Schlemmerlokal der gehobenen Klasse. Beim sechsgängigen, täglich wechselnden Galamenü läuft einem das Wasser im Munde zusammen. Ungeschlagen sind die Gerichte vom Saibling, der z. B. auf Kräutern serviert wird.
*Füssener Str. 17, Tel. 0 83 41/9 37 50, Mi–So 11.30–14 und tgl. 17.30–22 Uhr, obere Preisklasse, 12 Zimmer*

## BURGBERG
### Alpe Topfen

Jeden Dienstag um 19.30 Uhr geht's zu Fuß zum Kässpatzenessen auf die Alpe

Oberstaufen: »Staufnerhaus«

Prem-Gründl: Uriger »Kohlerhof«

Topfen, vom Parkplatz beim »Gasthof Alpenblick« aus in zehn Minuten – dessen Küche und Aussichtslage am Grünten ebenfalls zu empfehlen sind.
*Nur mit Anmeldung beim Verkehrsamt, Grüntenstr. 2, Tel. 0 83 21/8 48 10, untere Preisklasse*

## BUXHEIM
### Weiherhaus

Ein schmucker Gasthof mit Biergarten am Buxheimer See, der »Schwäbische Schpezialitäta«, Fische aus eigenen Weihern und feine Desserts serviert.
*Am Weiherhaus 13, Tel. 0 83 31/7 21 23, tgl.11–24 Uhr, untere– mittlere Preisklasse, 8 Zimmer*

## GESTRATZ
### Badwirtschaft Mallaichen

Eine Ausflugsgaststätte mit Schwäbisch-Allgäuer Küche: köstliche Spätzlevariationen und Zwiebelrostbraten. Ein Vergnügen ist das »aufgehängte« Fleisch zum Grillen am Tisch.
*Mallaichen 41, Tel. 0 83 83/74 39, Mai–Sept. tgl. 10–24 Uhr, Okt.–Apr. Di–So 10–24 Uhr, untere–mittlere Preisklasse*

## HINDELANG
### Wirtshaus Kematsried

Im denkmalgeschützten Bauernhaus: Inmitten der Gaststube mit alten Balken wird Brot gebacken – auch zum Mitnehmen. Die Weißwürste sind hausgemacht, der Leberkäse ist ofenfrisch.

Kaffee trinken an Lindaus Seepromenade: »Hotel Helvetia« mit Sonnenterrasse

*Ortsteil Oberjoch, Ornachstr. 33, vom Dorfparkplatz 300 m zu Fuß, Tel. 0 83 24/ 76 98, tgl. 9–20 Uhr, untere–mittlere Preisklasse*

### »Du-Hotel« Krone

Man sagt »Du« und fühlt sich vom ersten Tag an heimisch. Gekocht wird mit Zutaten von den Bauern. Es gibt Biofleisch, Vollwert- und Heugerichte, aber auch Leberkäse, Wild und Lachs.
*Ortsteil Unterjoch, Sorgschrofenstr. 2, Tel. 0 83 24/76 04, Dez.–Okt. tgl. 11.30–14 und 17.30–20.30 Uhr, untere–mittlere Preisklasse, 40 Zimmer*

## HOPFEN AM SEE
### Fischerhütte

Hier kann man Fischspezialitäten genießen und auf der überdachten Seeterrasse gemütlich Kaffee trinken. Ein Schlager ist die Muschelpfanne zur Herbst- und Winterzeit.
*Uferstr. 16, Tel. 0 83 62/9 19 70, tgl. 9.30–1 Uhr, mittlere Preisklasse*

## ISNY-GROSSHOLZLEUTE
### Adler

Ein historischer Gasthof, in dem schon Kaiserin Maria Theresia nächtigte. Hausspezialität sind die Maultaschen.
*Hauptstr. 27, Tel. 0 75 62/20 41, Di–So 7.30–24 Uhr, mittlere Preisklasse, 7 Zimmer*

## KEMPTEN
### Haubenschloß

Gehobene Küche in einem barocken Lustschlößchen: Seeteufel im Ofen geschmort oder Schweinefilets in Käse-Ei-Hülle. Ein leckerer Nachtisch gefällig? Zur Winterzeit genießt man Zimtapfel im Strudelhemd, im Sommer Eistorte!
*Haubenschloßstr. 37, Tel. 08 31/2 35 10, Di–So 10–24 Uhr, mittlere–obere Preisklasse*

### Wirtshaus Valentin

Alles erinnert hier an den Münchner Volksschauspieler Karl Valentin. Regionale Spezialitäten werden nach Omas Rezeptbüchern gekocht und zum Einheitspreis aufgetischt: Kässpatzen und Krautkrapfen, Apfel- und Krautspätzle, und zum Nachtisch »Pfosen« (Schmalzgebäck) in Vanillesauce. Jeden Samstagabend spielt eine Jazzband.
*An der Sutt 13, Tel. 08 31/1 42 52, Mo–Sa 11–14 Uhr und Di–Sa 18–24 Uhr, untere–mittlere Preisklasse*

## LINDAU
### Hotel Helvetia

Von der Terrasse des Hotelrestaurants aus genießt man einen herrlichen Blick auf den Hafen. Die Küche versteht sich international. Zum Kaffee gibt es selbstgemachten Kuchen.
*Seepromenade 3, Tel. 0 83 82/91 30, März–Okt. tgl. 9–24 Uhr, mittlere Preisklasse, 45 Zimmer*

### Hoyerberg-Schlößle

Vom elegant eingerichteten Restaurant hat man den schönsten Blick auf Lindau und den Bodensee. Französische Küche und Regionales wie gratinierter Bodensee-Zander werden aufgetischt. Nachmittags Café-Betrieb auf der Terrasse.

*Hoyerbergstr. 64, Tel. 0 83 82/2 52 95, Mi–So 12–24 Uhr, Di 14–24 Uhr, obere Preisklasse*

## MEMMINGEN
### Weinhaus Zum Goldenen Löwen

Die historischen Gaststuben sind mit Kachelöfen, alten Stichen und Hausrat ausgestattet. Kleine Speisen sorgen dafür, daß einem die rund 20 Weinsorten nicht zu Kopf steigen: »Balzheimer« oder »Lutherische« (würzige Würste) und warme Blätterteigkäsestangen.
*Schrannenplatz 2, Tel. 0 83 31/52 90, Di–Sa 18–24 Uhr, Sa 10.30 Uhr Frühschoppen, untere Preisklasse*

### Weintrödler

Eine Weinstube mit alten Holztischen. Serviert werden schwäbische Spezialitäten, zum Nachtisch Apfelküchle oder Pfannkuchen mit Waldbeeren.
*Theaterplatz 5, Tel. 0 83 31/1 21 42, Mo–Sa 17.30–1 Uhr, mittlere Preisklasse*

## OBERSTAUFEN
### Staufnerhaus

Nur 15 Minuten zu Fuß sind es von der Bergstation der Hochgratbahn zur Alpenvereinshütte, die Allgäuer Küche und Brotzeiten serviert: Würstel, Leberkäse, Krautkrapfen und Kässpatzen.
*Tel. 0 83 86/82 55, Mai–Okt. 11.30–19.30 Uhr, Nov.–Apr. auf Anfrage*

## OBERSTDORF
### Café-Restaurant Arnemann

Im Herbst wandert hier Wild oder Gans in den Kochtopf. Nicht mit »Jodlerbarock«, sondern mit alten Möbeln ist die Gaststube eingerichtet.
*10 Min. zu Fuß vom Ortsteil Schwand, Freibergsee 5, Tel. 0 83 22/25 43, Nov.–Juni So–Fr 11–17 Uhr, Juli–Okt. tgl. 11–22 Uhr, mittlere Preisklasse*

**Kempten: »Haubenschloß«**

### Berggasthof Rohrmoos

Rund 400 Jahre hat er auf dem Buckel, der Gasthof neben der Holzkapelle. Von Tiefenbach aus führen ein Sträßchen und Wanderwege zu Gamsrücken mit Spätzle und Pfifferlingen.
*Rohrmoos 5, Tel. 0 83 22/44 17, Mitte Dez.–Okt. Fr–Di 10–22 Uhr, Mi 10–16 Uhr, mittlere Preisklasse*

## PREM
### Kohlerhof

»Urig, zünftig, gemütlich« heißt das Motto des Hauses. Wer Tiroler G'röstel oder Schinkennudeln essen möchte, ist hier richtig. Den Speck vom Brotzeitbrett'l gibt es auch zu kaufen.
*Ortsteil Gründl, Lechbrucker Str. 19, Tel. 0 88 62/9 77 00, Mai–Okt. 10–24 Uhr, Nov.–Apr. Mi–Mo 17–24 Uhr, untere Preisklasse*

## SCHEIDEGG
### Hax'nhütte

Der Name sagt es schon: In der »Hax'nhütte« sollte man unbedingt eine knusprige Schweinshaxe essen. An den Hüttenabenden wird mit Live-Musik zünftig gefeiert.
*Am Großen Baum 164, Tel. 0 83 81/28 77, Di–So 11.30–24 Uhr, mittlere Preisklasse, 6 Zimmer*

## SONTHOFEN
### Schwäbele Eck

Hier kocht der Chef selbst und erfüllt auch Sonderwünsche. Die Karte bietet Rostbraten, gratinierte Krautspätzle u. a.
*Hindelanger Str. 9, Tel. 0 83 21/47 35, Di–So 8–24 Uhr, untere–mittlere Preisklasse, 23 Zimmer*

## WANGEN
### Café-Conditorei Walfisch

Inmitten der Altstadt sitzt man bei Kuchen oder Eis und verwöhnt sich mit 30 Sorten feinster Pralinen.
*Paradiesstr. 7, Tel. 0 75 22/23 63, Mo 12–18 Uhr, Di–Fr 8.30–18 Uhr, Sa 7.30–18 Uhr, So/ Fei 13–17 Uhr untere Preisklasse*

**In Wangens Altstadt: »Café-Conditorei Walfisch« mit bemalter Fassade**

### Zum Stiefel

Ein uriges »Beizle« ist das kleine Gasthaus, bodenständig-deftig die Küche: Saure Kutteln, Hähnchen, Kesselfleisch.
*Eselberg 6, Tel. 0 75 22/38 02, Di–Sa 8.30–1 Uhr, So 8.30–14 Uhr, untere Preisklasse*

## WERTACH
### Pferdeturm

Galoppierende Langeweile? Im »Pferdeturm« gibt es das nicht. Doch vorher ist ein Rittmeisterspieß angesagt, der in »Pferdeboxen« serviert wird.
*Bichlweg 11, Tel. 0 83 65/3 11, Di–Sa 15–24 Uhr, So 10–22 Uhr, mittlere Preisklasse*

*Die »Waldschenke«, idyllisch im grünen Durachtobel gelegen, ist ein richtiges »Kuschelgasthaus«. Hier wird mit viel Liebe gekocht: Kässpatzen, Wildererschmaus und Spargel, je nach Saison. Zum Nachtisch verführen heiße Waffeln à la*

*carte. Donnerstag ist Spanferkelabend, und am Freitag gibt es Schmarrn in den verschiedensten Variationen. Nachmittags locken hausgemachte Kuchen. Sonnenterrasse und Kinderspielplatz gehören auch zum Haus.*
*Im Durachtobel, Tel. 08 31/6 52 51, Di–So 10–23 Uhr, untere–mittlere Preisklasse*

*Der Rausch der Geschwindigkeit läßt sich auf besondere Art und Weise auf der Sommerrodelbahn bei Nesselwang erleben. Vom Zwischenausstieg an der Alpspitzbahn saust man in der gut einen Kilometer langen Blechrinne talwärts, in Bögen, auf rasanten Geraden und zuletzt durch ein tolles Kurvenlabyrinth. Alpspitzweg 5, Tel. 0 83 61/7 71, Juli/Aug. tgl. 9–19 Uhr, Sept.–Juni 9–17 Uhr, nicht bei Schnee und Regen*

# Freizeit

## BAD WÖRISHOFEN
### Falknerei Adlerhorst

Eine der größten Falknereien Europas mit über 200 Greifvögeln wie Adlern, Geiern, Kondoren, Falken und Eulen und spektakulären Flugvorführungen.
*Im Zillertal, Tel. 0 82 47/41 04, tgl. 8–18 Uhr, Vorführungen Mo–Sa 15.30 Uhr, So/Fei 14.30 Uhr*

## BLAICHACH-BIHLERDORF
### Kanutouren

Auf der Iller bis Kempten fahren, den Großen Alpsee bei Immenstadt entdecken oder sich zum perfekten Canadierfahrer ausbilden lassen – in der »Alpen-Kanuschule Hendrich« gibt es für jeden das Passende.
*Im Wasen 16, Tel. 0 83 21/6 83 62*

## DURACH
### Alpenflüge

Einmal Zugspitze und zurück? Die »Flugschule Deutscher Alpenflug GmbH« macht's möglich: Auf einem Rundflug kann man Allgäuer Berge und Täler aus der Luft erkunden – ein himmlisches Vergnügen.
*Flugplatz Kempten-Durach, Tel. 08 31/6 59 29, Apr.–Nov., 30 Min. vorher sollte man dort sein*

**Kur in Scheidegg: Rückengymnastik**

**Oberstaufen: »Panoramabad Aquaria«**

## FISCHEN
### Freizeitbad

Zwischen Fischen und Langenwang warten 1000 m² Wasserfläche und eine 58-m-Wasserrutsche auf die Schwimmenthusiasten. Für die Nichtschwimmer stehen ein Volleyballplatz, Tischtennis, Großschach, Cafeteria und Liegehalle zur Verfügung.
*Mühlenstr. 26, Tel. 0 83 26/6 91, Mitte–Ende Mai tgl. 9.30–18.30 Uhr, Juni–Aug. tgl. 8.30–19.30 Uhr, Sept.–Saisonende tgl. 10–17 Uhr*

## FÜSSEN
### Forggenseerundfahrten

Berge und Königsschlösser lassen grüßen: Auf der kleinen Rundfahrt ist man 50 Minuten lang unterwegs, die große Rundfahrt findet dreimal täglich statt, dauert zwei Stunden und kann an jeder Anlegestelle unterbrochen werden.
*Städt. Forggenseeschiffahrt, Weidachstr. 80, Tel. 0 83 62/92 13 63, große Rundfahrt 15. Juni–Sept. tgl. ab 10 Uhr, kleine Rundfahrt 10.30, 11.30, 14, 15 und 16 Uhr, Abendfahrten: Juli Fr 20 Uhr, Aug. Fr 19.30 Uhr*

### Forggensee-Radwanderweg

Ebenfalls am Bootshafen beginnt die Fahrradtour rund um den Forggensee. Die Strecke ist 32 km lang und ausgeschildert. Wer unterwegs müde wird, kann von einer der sieben Anlegestellen aus mit dem Schiff zurückfahren.
*Kurverwaltung, Tel. 0 83 62/70 77*

**Oberstdorf: Mit der Fellhornbahn auf einen aussichtsreichen Gipfel schweben**

## IMMENSTADT-BÜHL
### Bootfahren, Minigolf

Während die einen mit dem Ruder- oder Tretboot auf den Großen Alpsee hinausschippern, können die »Landratten« direkt am See eine Runde Minigolf spielen – der hübsche Platz und der Bootsverleih liegen sich gegenüber.
*»Bootsverleih Heindl«, Seestr. 18, Tel. 0 83 23/21 03, je nach Wetterlage 8 Uhr–Sonnenuntergang*

## KEMPTEN
### Angeln

Tages- oder Wochenkarten, teils auch ermäßigte Jugendkarten gibt es für viele größere und kleinere Seen im Umkreis, darunter den Rottach- und den Niedersonthofener See, den Großen Alpsee und den Grüntensee. Fischereiausweis erforderlich.
*»Waffen Beer«, Fürstenstr. 6, Tel. 08 31/2 50 30, 15. Mai–Okt. Mo–Fr 9–12.30 und 14–18.30 Uhr, Sa 9–14 Uhr*

### Ballonfahren

Die schönste Aussicht auf das Allgäu und seine grandiosen Berggipfel hat man von einem Ballonkorb aus. Die Normalfahrt dauert maximal eineinhalb, die Langfahrt zweieinhalb Stunden. Wo es hingeht, bestimmt der Wind. Neulinge erwartet nach der Landung die obligatorische Ballontaufe. Anmeldung erforderlich!
*»Ballonsport Martin«, Krottenkopfstr. 2, Tel. 08 31/1 34 53*

## KIRCHDORF
### Freizeitpark

Spiel und Spaß im Freizeitpark östlich von Mindelheim. Auf 40 000 m² kann sich der Nachwuchs austoben: Schaukeln, Riesenrutschen, Trampolin, Nautic-Jet – das Angebot ist schier unerschöpflich. Kiosk und Gaststätte mit Biergarten gehören dazu.
*Im Hartfeld 1, Tel. 0 82 45/13 77, Ostern–Okt. tgl. 9–18 Uhr*

## KISSLEGG
### Vogelführungen und Moorwanderungen

Die Wasservogelführungen im Finkenmoos finden im April, Mai und Juni jeweils um 8 Uhr statt, die Moorwanderungen führen jeden Freitag ins Burgermoos (während der Sommerferien um 9.30 Uhr, sonst um 14 Uhr). Immer

dabei sind die Fachleute des Vereins für Naturschutz und Landschaftspflege. Die Teilnehmer treffen sich beim Gästeamt. Bitte vorher anmelden.
*Neues Schloß, Tel. 0 75 63/93 61 42*

## LAUBEN
### Illerparadies

Zwischen Lauben und Dietmannsried, ungefähr acht Kilometer nördlich von Kempten, liegt ein Spiel- und Freizeitpark mit allem, was dazugehört – und noch ein bißchen mehr: Wildgehege, Kinderzoo, Dinosauriergarten, Autoscooter, Schwebeseilbahn und und und. Ein paradiesisches Vergügen für jung und alt. Das Restaurant ist für seine Wildspezialitäten bekannt.
*Hinwang 2, Tel. 0 83 74/74 77, Fr–Mi 10–18 Uhr*

## OBERSTDORF
### Nebelhorn- und Fellhornbahn

Die beiden Bergbahnen erschließen in mehreren Sektionen herrliche Wandergebiete und ein grandioses Alpenpanorama (400 Gipfel!).
*Nebelhornbahn, Tel. 0 83 22/96 00 96, Fellhornbahn 0 83 22/30 35, tgl. 8.20–16 Uhr*

### Schlittschuhlaufen

Ganzjährigen Schlittschuhspaß verspricht – und hält – das Bundesleistungszentrum für Eiskunstlauf in Oberstdorf. Hier kann man selbst seine Kringel zeichnen, den Eislaufstars beim Training zusehen oder sich internationale Schaulaufen ansehen. Leihschlittschuhe sind vorhanden.
*Roßbichlstr. 2–6, Tel. 0 83 22/91 51 30*

ist. Wer sicher im Sattel sitzt, darf unter Führung zu ausgiebigen Wanderritten ins Gelände aufbrechen. Außerdem beinhaltet das Angebot Reitkurse, Kutschfahrten und einen Abreitplatz.
*Vordersulzberg 1, Tel. 0 83 64/14 02, Mi–Mo 7–24 Uhr, 3 Zimmer, 6 Studios,*

## SCHEIDEGG
### Kuren

Im Rahmen des »Gesundzeit-Programms« kann man in ein oder zwei Wochen seine persönliche Form entscheidend verbessern: Frühgymnastik, Kneippanwendungen, medizinische Bäder, Großmassagen, Rückenschule ...
*Kursanatorium Herzberger, Bräuhausstr. 28, Tel. 0 83 81/25 63*

## SCHWANGAU
### Tegelbergbahn

Zum Seen-, Schlösser- und Gipfelblick trägt die Kabinenbahn den Besucher auf den Tegelberg. Hinter der Bergstation beginnt ein Alpenlehrpfad, an der Talstation gibt es eine beheizte Rodelbahn, die ganzjährig in Betrieb ist, solange kein Schnee fällt.
*Tegelbergstr. 30, Tel. 0 83 62/9 83 60, tgl. 10–18 Uhr*

**Kempten: Stadtführung für Kinder**

**Wolfegg: »Automobilmuseum«**

**Marktoberdorf: Pferdekutschfahrten führen durch die Natur**

## MARKTOBERDORF
### Kutschfahrten

Ein Urlaubstag im Grünen: Sich mit 2 PS durch das Voralpenland schaukeln lassen und die Natur genießen. Lehnen Sie sich zurück – die Arbeit machen die anderen!
*Erich Weiß, Galgenberg 2, Tel. 0 83 42/27 78*

## OBERSTAUFEN
### Panoramabad Aquaria

Mehr als ein einfaches Schwimmbad: 1000 m² umfaßt die Wasserlandschaft mit 100-m-Rutsche, Wildwasserkreisel, Sprungbecken, Wasserkindergärten, Sauna und Whirlpools. Für die Bräune sorgt eine große Liegewiese, um das kulinarische Wohl kümmern sich Bistro, SB-Restaurant und Cafeteria.
*Alpenstr. 5, Tel. 0 83 86/9 31 30, tgl. 9.30-21.30 Uhr*

## OTTOBEUREN
### Allgäuer Volkssternwarte

Sterngucker aufgepaßt: Die Sternwarte auf der Anhöhe des Konohofs besitzt neben dem Wendelstein eines der lichtstärksten Teleskope in Bayern. Eine Diaschau führt in die Geheimnisse der Himmelsbeobachtung ein.
*Schwabenstr. 13, Tel. 0 83 32/85 35, Fr ab 19.30 Uhr*

## ROßHAUPTEN-VORDER SULZBERG
### Landgasthof Haflingerhof

50 Haflinger stehen im Stall des Anwesens, das Gasthof und Hotel zugleich

## WOLFEGG
### Automobilmuseum Fritz B. Busch

In einem Nebengebäude des Wolfegger Schlosses hat sich Fritz B. Busch einen Traum erfüllt: 2000 m² Ausstellungsfläche, vollgestellt mit Oldtimern.
*Schloßplatz, Tel. 0 75 27/62 94, 15. März–15. Nov. Mo–Sa 9–12 und 13–18 Uhr, So/Fei 9–17 Uhr, 16. Nov.–14. März So 9–17 Uhr*

*Kinder lieben Ferien auf dem Bauernhof: Tiere streicheln, ein Kätzchen auf dem Arm halten oder zusehen, wie Kühe gemolken werden – das ist ungemein spannend und auf-*

*regend. Landleben und Naturerlebnisse werden durch eine Fülle möglicher Aktivitäten ergänzt: Kochkurse, Praktikumstage, Werken mit Heu, Käseseminare, Mähkurs mit Sense, Stalldiplom, Melkerdiplom und Wanderungen unter fachkundiger Führung.*
*Zentrale für Landurlaub, Heerstr. 73, 53111 Bonn, Tel. 02 28/63 12 84, Fax 7 66 91 99; Tourismusverband Allgäu/Bayerisch-Schwaben, Fuggerstr. 9, 86150 Augsburg, Tel. 08 21/ 3 33 35, Fax 3 83 31*

*Je nach Wind und Thermik schwebt man im Segelflugzeug über die Königsschlösser oder hinaus ins Flachland zum Ammersee oder zum Starnber-*

*ger See. Mit dem Motorsegler werden in einem Dreiecksflug die Zugspitze und das Nebelhorn angesteuert. Regelmäßiger Flugbetrieb am Wochenende und an Feiertagen; wochentags ist eine Anmeldung erforderlich.*
*Flugplatz in Füssen, Tel. 0 83 62/25 45, Ostern–Okt. 9 Uhr bis Sonnenuntergang, Motorsegler ganzjährig, solange kein Schnee liegt*

# Sport

## BURGBERG
### Bergschule Oberallgäu

Berge zusammen mit einem Profi erklimmen: Udo Zehetleitner, Erstbesteiger des 7553 m hohen Changtse, dem Nordberg des Mount Everest, führt Trekkingfreunde rund um den Globus und durch die Allgäuer Alpen.
*Edelweißstr. 5, Tel. 0 83 21/49 53*

## FISCHEN
### Sportpark

Tennis-, Aerobic- oder Squashbegeisterte können sich nach dem Sport im Schwimmbad nebenan abkühlen. Wer noch mehr schwitzen möchte, auf den warten Sauna, Dampfbad und Solarium. Auf der Indoor-Kartbahn zieht man von Mai bis Dezember seine Kreise.
*Mühlenstr. 55, Tel. 0 83 26/82 82, Mai–Juni tgl. 10–23 Uhr, Juli–Sept. tgl. 16–23 Uhr, bei Schlechtwetter ab 10 Uhr, Okt.–Apr. tgl. 9–24 Uhr*

## IMMENSTADT
### Wasserski

Auf Skiern übers Wasser rauschen: Der »Wasserskilift Allgäu« am Inselsee zwischen Immenstadt und Blaichach ist – je nach Wetter – von April bis Oktober in Betrieb. Die Ausrüstung kann ausgeliehen werden.
*Hofen 13, 87544 Blaichach, Tel. 0 83 23/81 76 oder 08 31/56 15, tgl. 12–19 Uhr, tgl. 8–12 Uhr und 19–21 Uhr für Gruppen nach vorheriger Anmeldung*

**Ein spritziges Vergnügen: Kanuten auf der Ostrach bei Hindelang**

## LINDAU
### Segeln

Segeln lernen oder ein Segelboot chartern kann man bei der »Bodensee-Yachtschule Lindau«. Weitere schöne Surf- und Segelreviere im Allgäu sind der Große Alpsee und der Niedersonthofener See bei Immenstadt, der Rottachsee südöstlich von Kempten und der Forggensee bei Füssen.
*Schiffswerft 2, Tel. 0 83 82/94 45 88, 14 Tage vor Ostern–Okt.*

## OBERSTAUFEN
### Rafting

Zwar nicht direkt im Allgäu, aber auf der nahen Bregenzer Ach in Österreich findet der Tanz auf dem wilden Wasser statt. Einen ganzen Tag lang ist man unterwegs, zwischendurch wird gegrillt. Mit den Outdoor-Spezialisten geht es auch zum Canyoning oder auf Trekkingtouren im Doppelkajak.
*»Lifelike«, An der Sonnhalde 14, Tel. 0 83 86/6 66*

## OBERSTDORF
### Bergsport/Gleitschirmfliegen

Hochtouren, Kletterführungen, Ausbildungskurse, Fotoexkursionen, Tages- und Wochentouren für aktive und sportliche Leute sind die Domäne der Bergschule. Die Gleitschirmschule im nahen Obermaiselstein bietet Schnuppertage, Grund- und Fortbildungskurse sowie Tandemflüge auch mit Drachen an.

**Wintersportparadies Allgäu**

**Herausforderung: Mountainbiking**

*»Oase Alpin«, Bergschule Oberstdorf, Bahnhofplatz 3, Tel. 0 83 84/12 11, Gleitschirmschule, Peter Geg, Am Goldbach 22, Obermaiselstein, Tel. 0 83 26/3 80 36*

### Bungee-Jumping

Auf der Oberstdorfer Skiflugschanze im Stillachtal kann jeder seine Mutprobe ablegen. Vom Anlaufturm springt man am Gummiseil ins Leere, um rund 70 m tiefer über den Baumwipfeln auszupendeln.
*»Eurobungy GbR« Argonnenstr. 7, 72108 Rottenburg, Tel. 0 74 72/2 71 08, Sa/So 11.30–16.30 Uhr*

### Mountainbiking

Peter Müllers »Hotel Gruben« ist die richtige Adresse für Mountainbiker. Angeboten werden zwischen Januar und Oktober mehr als 50 geführte Touren, Technikseminare und Snowbiking.
*Gruben 1a, Tel. 0 83 22/33 54*

## OFTERSCHWANG
### Golfplatz Hotel Sonnenalp

Golf im Gebirge: Ein hauseigener 18-Loch-Meisterschaftsplatz gehört zum Ferientempel auf dem Sonnenplateau zwischen Illertal und der Hörnerkette. Ab Mai kümmern sich vier Golflehrer um die Freunde des Rasensports. Auch Nichthotelgäste dürfen spielen, Clubausweis mit eingetragenem Handicap (unter 34) vorausgesetzt.
*Golfclub Sonnenalp Ofterschwang e.V., Tel. 0 83 21/2 72 76, Apr.–Nov. tgl. 8–18 Uhr*

**Bergschule in Burgberg: Bei anspruchsvoll**

## SCHEIDEGG
### Bogenschießen

Treffer ins Schwarze für Bogenschützen: Die Sportgemeinde besitzt am Sportplatz eine eigene Schießanlage, auf der auch Gäste willkommen sind. Bogen können ausgeliehen werden, vorherige Anmeldung ist erwünscht.
*Am Sportplatz, Tel. 0 83 81/8 23 24, Geschäftsstelle: Mo 9–11 Uhr*

# Einkaufen

**IMMENSTADT-BÜHL**
**Loden und Trachten Stiefenhofer**

Allgäus größtes Loden- und Trachtenfachgeschäft besitzt sogar ein eigenes Maßatelier. Nicht ganz billig, doch unter den Accessoires finden sich auch schöne und preiswerte Mitbringsel.
*Kirchsteige 6, Tel. 0 83 23/85 00*

**ISNY**
**Weihnachtsmarkt**

Klein, aber fein: Rund 30 Stände bieten ein vielfältiges Angebot an handgefertigten Holzspielsachen, gezogenen

**'ouren sollte ein Bergführer dabeisein**

Kerzen und weihnachtlichen Gestecken. Sonntags können die Kinder in der Torschenke Plätzchen selbst backen.
*Kurverwaltung, Tel. 0 75 62/98 41 70*

**KEMPTEN**
**Miniatur Puppenwelt im Illertor**

Im Illertor schlägt bei der Auswahl an detailgetreuen Puppenstuben mit exklusiven Möbeln und erlesensten Miniaturen nicht nur das Sammlerherz höher.
*Illerstr. 1, Tel. 08 31/2 60 69, Mo–Fr 10.30–16.30 Uhr, Sa 10.30–13 Uhr*

**LINDAU**
**Auktionshaus, Juwelier und Antiquitäten Zeller**

Schöne Dinge kosten meist etwas mehr: Juwelen und Schmuck, Gemälde, Silber, Möbel und Porzellan. Doch es finden sich in beiden Geschäften auf der Insel auch kleine, erlesene Kostbarkeiten für die etwas schmalere Brieftasche.
*Bindergasse 3 und 7, Tel. 0 83 82/9 30 20, Mo–Fr 9–12.30 und 14–18 Uhr, Juwelier auch Sa 9.30–16 Uhr*

**Obst und Edelbrände, hausgemachte Liköre Ambrosius**

Hier kann man hausgemachte Obst- und Edelbrände sowie Himbeer-, Brombeer- und Kirschliköre kaufen.
*Schöngartenstr. 5, Tel. 0 83 82/54 24, tgl. ganztags*

**LINDENBERG**
**Wochenmarkt**

Samstags von 7–12 Uhr bieten Bauern aus der Umgebung landwirtschaftliche Produkte auf dem Stadtplatz an.

**MAIERHÖFEN**
**Imkerei Schehle**

Neben köstlichen Honigsorten, von Akazie bis Tanne, findet man wertvolle Bienenprodukte wie Blütenpollen, Propolis, Gelée Royale und Bienenwachs. Außerdem wird Met nach alten überlieferten Rezepten gebraut.
*Hauptstr. 4, Tel. 0 83 83/3 20, Videovorführung für Gruppen*

**OBERSTDORF**
**Holzofenbäckerei Schroth**

Beim Bäcker Schroth wird das kräftige aromatische Holzofenbrot noch wie in der »guten alten Zeit« in einem holzbetriebenen Tuffsteinofen gebacken. Und Schleckermäuler genießen leckeren Blechkuchen im Stehcafé.
*Sonthofener Str. 8, Tel. 0 83 22/37 25, Mo–Fr 7–18 Uhr, Sa 7–12.30 Uhr*

**SCHEIDEGG**
**Sennerei Böserscheidegg**

Wer beim Senner Specht einkauft, sollte immer ein Messer in der Tasche haben, denn dem verführerischen Duft des mehrfach prämierten Bergkäses kann man nicht lange widerstehen.
*Böserscheidegg 143, Tel. 0 83 81/8 34 56, tgl. 7–12 und 17–19 Uhr*

**SELLTHÜREN (GÜNZACH)**
**Schönegger Käse-Alp**

Käse vom Feinsten von einem der führenden Produzenten der Region, der »Schönegger Käse-Alp«: Hier gibt es eine bunte Palette köstlicher Sorten vom Klassiker Emmentaler bis zum Rohmilch-Brie, vom Berg- bis zum Räucherkäse; außerdem selbstgebackenes Bauernbrot und Räucherschinken. Mit Versand an den privaten Kunden.
*Sellthüren 11, an der Straße zwischen Kempten und Günzach, Tel. 0 83 72/ 28 64, Mo–Sa 8–12 und 17.30–19 Uhr, Fr ab 15 Uhr, So 17.30–19 Uhr*

**»Antiquitäten Zeller« in Lindau**

**Sonthofen: »Allgäuer Keramik«**

**SONTHOFEN**
**Allgäuer Keramik**

Echtes »Allgäuer G'schirr«, meisterliche Keramik und das typische Allgäuer Geschenkeset, bestehend aus Käsespatzenschüssel, Spätzlehobel und dem Buch »Spatzen aus dem Allgäu«, kann man bei Hans Rebstock erstehen.
*Töpferweg 16, Ortsteil Altstädten, Tel. 0 83 21/34 54*

**WANGEN**
**Schokoladenhaus Wild**

Liegen gar nicht schwer im Magen: Wangener Pflastersteine, braune aus Nougat, weiße aus Marzipan. Eine weitere schwäbische Spezialität sind »Wiebele«, köstlich knusprige Biskuits.
*Schmiedstr. 2, Tel. 0 75 22/2 27 47, Mo–Fr 8–12.15 und 14–18.15 Uhr, Sa 8–13 Uhr*

*Von der Kuh direkt in den »Käskessel« wandert seit mehr als 100 Jahren die Milch in der ältesten Dorfsennerei des All-*

*gäus ein Stückchen unterhalb der kleinen Zwiebelturmkirche von Gunzesried. Etwa eine Million Liter werden hier pro Jahr verarbeitet – und an Ort und Stelle vermarktet. Zum Angebot gehören Bergbutter vom Faß, Allgäuer Emmentaler, Bergkäse vom Laib und natürlich auch das Ausgangsprodukt, die frische Milch. Sennereigenossenschaft, Gunzesried 10, Tel. 0 83 21/8 41 09, tgl. 9–12 und 16–19 Uhr*

## ORTSREGISTER



## IMPRESSUM


Falk Reisen
Allgäu
ISBN 3-8279-2817-6

**Erste Auflage 1997**

**© RMV ReiseMagazinVerlag GmbH & Co KG**
Neumarkter Straße 18
81673 München
Tel. 0 89/43 18 96 80
Fax 0 89/43 18 94 58

**Redaktion und Produktion**
THEMA
Produktmarketing
und Werbung GmbH
Zeppelinstraße 43
81669 München
Tel.: 0 89/45 87 34 30
Fax: 0 89/45 87 34 40
**Redaktionsleitung**
Michael Kaiser
**Redaktion**
Vera Baur, Gesa Bock, Beate Decker, Karoline Gimpl, Petra Gulz, Sona Hähnel, Bernd Mayerhofer, Johannes Schmitt, Carola Lugmair (Ass.)
**Layout**
Eva Friedl, Alexandra Matheis

**Text**
Christel Blankenstein

**Bildbeschaffung**
Silvestris Fotoservice, Kastl

**Kartographie**
© Falk Verlag AG/Geo Data GmbH & Co KG
Gerhard-Falk-Straße 5
21035 Hamburg
Tel. 0 40/72 59 90
Fax 0 40/72 59 92 00

**Anzeigen**
ETRO-VERLAG GmbH & Co KG,
Wiesbadener Straße 10
63628 Bad Soden-Salmünster
Tel. 0 60 56/91 02 00
Fax 0 60 56/52 71

**Reproduktion**
Studio Europa, I-Trento

**Druck**
Passavia Druckerei, Passau

Genehmigte Lizenzausgabe unter dem Titel »Ausflugsparadies Deutschland« für Weltbild Verlag GmbH, Augsburg 1997. Umschlaggestaltung: Eisele und Bulach GmbH, Augsburg; Umschlagfoto: Reinhard Eisele
ISBN 3-7951-1506-X



Alle Texte, Angaben und Hinweise wurden von den Autoren und der Redaktion sorgfältig und nach bestem Wissen recherchiert und überprüft, eine Gewähr wird jedoch nicht übernommen.
**Anregungen, Hinweise und Verbesserungsvorschläge nimmt der Verlag dankbar auf.**


ISBN 3-8279-2817-6


## BILDNACHWEIS

**Folgende Abkürzungen wurden verwendet:**
AKG = Archiv für Kunst und Geschichte; BA Huber = Bildagentur Huber; Ba = Bavaria Bildagentur; IFA = IFA Bilderteam; Ma = Mauritius Bildagentur; VA = Fremdenverkehrsamt; S = Silvestris Fotoservice

**AKG:** S.50/u., S.51, S.55/re.u., **Allgäuer Burgenverein:** S.30/li.u., **Allgäuer Keramik/Botzenhardt**: S.87/m.u., **Artothek/Blauel:** S.53, **Auktionshaus Zeller**: S.87/m.o., **BA Huber/Giovanni:** S.55/m.u., **BA Huber/Radelt**: Panoramabild, S.V/li.o., S.V/li.u., S.VIII/re.o., S.18-19/o.m., S.31/re.o., S.32/li.o., **BA Huber/Schmid R.**: S.28-29, **Ba/Krauskopf**: S.38/Nr.1, **Bahnmüller Dr.**: S.3/re.o., S.23/re.u., S.55/li.u., S.70/m.u., S.79/Nr.4, **Bahnmüller L.**: S.77/m.u., **Bechteler**: S.46/li.o., S.81/m.u., **Bieker**: S.V/re.o., S.VII/re.u., S.1/re.m., S.2/li.m.o., S.3/re.m.o., S.12/13, S.16/17, S.17/re., S.18/re.u., S.21/re.o., S.21/u., S.23/re.o., S.25/li., S.26/Nr.4, S.52/re.o., S.61/li.o., S.62/li.o., S.68-69, S.XVI/o., **Blankenstein**: S.33/re.u., S.35/re.u., S.41/re.o., S.43/re.u., S.46/li.u., S.60/li.u., S.63/re.u., S.72/li.u., S.73/re.u., S.83/re., S.84/li., S.85/m.o.li., **Camping Hopfensee/Ziesler**: S.21/re.u., **Danks P.**: S.2/li., S.38-39, S.39/Nr.7, S.41/re.u., S.55/re.o., S.78/Nr.5, **Das Fotoarchiv./Riedmiller**: S.VI/li.m., S.VII/m., S.1/re.o., S.1/re.u., S.2/re.m.u., S.8/o., S.8/u., S.9/o., S.14/15, S.19/re.o., S.29/re., S.30/re.o., S.39/Nr.6, S.42-43/m.o., S.42/re.u., S.43/m.m., S.49/li.o., S.59/re.o., S.60/li.o., S.65/li., S.66-67, S.71/re.o., S.78-79, S.78/Nr.1, S.78/Nr.2, S.78/Nr.6, S.79/re., S.XIV, S.39/Nr.8, **Dumler**: S.42/li.u., **Eberhard Thiem-Lotos Film Kaufbeuren**: S.19/re.u., S.80/li.o., S.80/li.u., **Eckstein**: S.61/re.o., S.84-85/m., **Fischertagsverein Memmingen e.**: V. S.80/m.u., **Freyer**: S.42/m.u., S.43/re.o., **Haubenschloß**: S.83/m.o., **Haug**: S.84/m.u., **Heimatmus. »Haus zum Bock«, Leutkirch**: S.74/li.u., **IFA/Kneer**: S.34/re.o., **Kiechle-Klemt/BWK Werksleitung**: S.20/li.u., **Kienberger**: S.27/Nr.6, S.27/Nr.7, **Kohlerhof**: S.82/m.u., **Kurdirektion Bad Wörishofen**: S.70/re.u., **Kurverwaltung Fischen**: S.45/re.u., **Kurverwaltung Ottobeuren**: S.69/re., **Kürzinger**: S.2/re.o., S.32/m.u., S.40-41, S.87/re., **laif/Ebert**: S.VI/re.o., S.3/re.m.u., S.46/m.u., S.58/li.o., S.58/re.u., S.78/Nr.3, S.82/m.o., **Landhotel Hirsch**: S.31/re.u., **Liebig**: S.V/re.m.o., S.2/re.u., S.25/re., S.32-33/m.o., S.32/re.u., S.34/m.u., S.35/o., S.45/re.o., S.45/m.u., S.46/re.u., S.60/re.o., S.67/re., S.72/m.u., S.XIII/o., **Ma/Rossenbach**: Titel, **Möhn**: S.VIII/re.m., S.52/m.u., S.80-81/m.m., **Mülbe W.CH.v.d.**: S.27/Nr.2, **Neumeister**: S.26/li., S.27/Nr.1, S.27/Nr.5, **Pfarrkirche Nesselwang/Studio Tanner**: S.22/li.u., **Photoatelier Schmidt**: S.18/li.u., **PhotoPress/Möhn**: S.VII/li.o., S.71/re.u., **Prähistorische Staatssammlung/Eberlein**: S.52/li., S.52/m.o., **Restaurant Maximilians**: S.44/li.u., **Restaurant Tableau**: S.32/li.u., **Rodrun/Knöll**: S.VII/li.u., **Romeis**: S.VI/li.o., S.VII/re.o., S.3/li.o., S.4/5, S.6/7, S.9/u., S.10, S.20-21/m.o., S.22-23/m.o., S.54/li.o., S.56-57, S.57/re.o., S.60/re.u., S.62/m.u., S.62-63/m.u., S.63/o., S.63/m.u., S.82-83/m., **Rossa**: S.33/re.o., S.37/li., S.37/re., S.54/m.o., **S/Bauer R.**: S.46-47/m.o., **S/Brandl**: Panorama/re., **S/Heine**: S.VIII/li.u., S.22/li.o., S.74/m.u., **S/Jacobi**: Panorama/li., **S/Kneer**: S.31/li., S.34/li.u., **S/Kottal**: S.72/re.u., **S/Merten**: S.54/m.u., S.75/li.u., **S/Silvestris**: S.47/li.u., **S/Sohns**: S.V/re.m.u., **S/Stadler**: S.VI/re.u., S.2/li.m.u., S.20/m.u., S.22/m.u., S.23/m.m., S.26-27, S.30/li.o., S.33/m.m., S.34-35/m.u., S.44/m.u., S.52/re.u., S.58-59/m.o., S.59/re.u., S.61/m.u., S.75/re.o., S.83/m.u., S.86/m.u., S.XIII/u., S.XV/u., **S/Wagner**: S.39/Nr.4, **S/Weber**: Panorama/m., **Samer**: S.86/li., **Scheler P.**: S.VIII/li.m., S.38/li., S.38/Nr.5, S.39/Nr.3, **Schmid G.M.**: S.VI/re.m., S.1/li.o., S.2/re.m.o., S.11, S.18/li.o., S.18/m.u., S.19/li.u., S.20/li.o., S.20/re.u., S.27/Nr.3, S.30/re.u., S.31/m.u., S.34/li.o., S.39/Nr.2, S.42/li.o., S.44-45/m.o., S.44/re.u., S.47/re.o., S.54/li.u., S.58/m.u., S.59/li.u., S.62/re.o., S.70/li.u., S.70/re.o., S.71/li.o., S.73/re.o., S.74-75/m.o., S.79/Nr.7, **Schneiders M.**: S.73/li.u., **Schneiders T.**: S.V/re.u., S.44/li.o., S.86/m.m., **Schönegger Käse-Alp**: S.3/li.u., S.66/Nr.1, S.66/Nr.2, S.66/Nr.3, S.67/Nr.4, S.67/Nr.5, S.67/Nr.6, S.67/Nr.7, **Schönlein**: S.22/re.u., S.43/m.u., **Stadt Marktoberdorf/Baumgartner**: S.85/u., S.85/re.o., **Stockfood/S+P Eising**: S.82/li., **Testrut**: S.74/li.o., S.80/m.o., S.85/m.o.m., **Tourismusverband Jungholz**: S.81/re., **VA Kißlegg**: S.58/li.u., **VA Kleinwalsertal, Walserhaus**: S.86/m.o., **VA Scheidegg**: S.62/li.u., S.84/m.o., S.XVI/u., **Verkehrsbüro Sonthofen**: S.81/m.o., **Wackenhut**: S.23/m.u., S.72/li.o., S.77/re.o., **Waldberghof**: S.61/re.u., **Wandmacher**: S.49/re.u., S.54/re.o., S.55/li.o., S.74/re.u., **Wisckow**: S.72-73/m.o., S.77/li., S.XV/o., **Wolff-Seybold**: S.57/re.u., **Worbs**: S.35/m.u., S.65/re., **Xeniel/Michler**: S.VIII/re.u., S.47/re.u., **Xeniel/Nittinger Dr.**: S.VI/li.u., S.VIII/li.o., S.1/li.m., S.70/li.o., **Zehetleitner**: S.86-87/m.,

---

**BISHER ERSCHIENEN:**
1 Bodensee
2 Nordseeküste: Nordfriesland
3 Oberbayern
4 Ostseeküste: Mecklenburg-Vorpommern
5 Südlicher Schwarzwald
6 Dresden und Sächsische Schweiz
7 München
8 Sauerland
9 Lüneburger Heide
10 Der Rhein von Bingen bis Koblenz
11 Berlin und Potsdam
12 Nordseeküste: Ostfriesland
13 Niederrhein
14 Harz
15 Mosel
16 Bayerischer Wald
17 Allgäu

**IN VORBEREITUNG:**
18 Münsterland
19 Thüringen
20 Fränkische Schweiz
21 Mittlerer Schwarzwald
22 Brandenburg

# Allgäu kompakt

*Arbeitsgemeinschaft »Allgäuer Land vor den Alpen«, Rathausplatz 24, 87435 Kempten, Tel. 08 31/2 52 52 37, Fax 2 52 54 27*

*Landratsamt Oberallgäu, Oberallgäuer Platz 2, 87527 Sonthofen, Tel. 0 83 21/61 20, Fax 61 23 69*

*Tourismusverband Allgäu/Bayerisch-Schwaben e. V., Fuggerstr. 9, 86150 Augsburg, Tel. 08 21/3 33 35, Fax 3 83 31*

*Tourismusverband Ostallgäu e. V., Schwabenstr. 11, 87616 Marktoberdorf, Tel. 0 83 42/91 13 14, Fax 4 22 28*

*Touristik-Arbeitsgemeinschaft Schwabenstädte in Bayern, Kaiser-Max-Str. 1, 87600 Kaufbeuren, Tel. 0 83 41/4 04 05, Fax 7 39 62*

*Touristikverband Lindau-Westallgäu, Stiftsplatz 4, 88131 Lindau, Tel. 0 83 82/27 01 36, Fax 91 15 51*

*Tourist-Info Kneippland Unterallgäu, Bad Wörishofer Str. 33, 87719 Mindelheim, Tel. 0 82 61/99 52 35, Fax 99 53 32*

## BAD WÖRISHOFEN

Der 1067 zum ersten Mal genannte Ort (14 600 Einw.) erlangte durch Sebastian Kneipp weltweites Ansehen. Aus der Zeit des frühen Badelebens ist noch die Wandelhalle an der alten Promenadenstraße südlich des Dominikanerinnenklosters übrig geblieben. Daneben steht eine Nachbildung der ersten Kneippschen »Badeanstalt«. Im Kloster führt das Kneipp-Museum durch Leben und Wirken des »Wasserdoktors«, der im Mausoleum auf dem Wörishofener Friedhof begraben liegt. Sein Bildnis schmückt auch das Deckengemälde der von Franz Beer im 18. Jh. errichteten Klosterkirche. Ältestes Kneipp-Denkmal ist der Kneipp-Brunnen am Eingang zum Kurpark. Die Fußgängerzone steht im Ruf einer »kulinarischen Meile« und lockt mit eleganten Geschäften.
ℹ *Städt. Kurdirektion, Bgm.-Ledermann-Str. 1, 86825 Bad Wörishofen, Tel. 0 82 47/96 90 55, Fax 3 23 23*

## FISCHEN

Heilklimatischer Kur- und beliebter Wintersportort (2900 Einw.) im Illertal. 906 wurde Fischen als »Fiskina« erwähnt. Diesen Namen trägt heute das bemerkenswerte Kurhaus, in dem auch das »Fischinger Schimuseum« untergebracht ist (Führung jeden Mittwoch). Die Pfarrkirche besitzt schöne Apostelfiguren des Holzschnitzers Melchior Eberhard aus Hindelang. Gleich daneben steht die prächtige Frauenkapelle mit ihrer achteckigen Kuppel und den sehenswerten Barockaltären. Fischen ist Zentrum der Hörnergruppe, der auch Ofterschwand, Obermaiselstein, Bolsterlang und Balderschwang, Bayerns höchstgelegene Gemeinde, angehören. Von den Hörnern hat man einen wunderbaren Blick auf das Illertal und die Gipfel der Hochalpen.
ℹ *Kurverwaltung, Am Anger 15, 87538 Fischen, Tel. 0 83 26/18 15, Fax 90 66*

FÜSSEN: Blick vom Tegelberg auf die Seenlandschaft

## FÜSSEN

Eine herrliche Berg- und Seenlandschaft umgibt das traditionsreiche Lechstädtchen (13 700 Einw.), dessen Ursprünge bis ins erste vorchristliche Jahrhundert zurückreichen. Auf dem heutigen Schloßberg legten die Römer gegen Ende des 3. Jh.s ein Kastell an. Im 8. Jh. ließ der Wandermönch Magnus nicht weit davon entfernt eine Kapelle errichten; einhundert Jahre später gründeten die Augsburger Bischöfe an Ort und Stelle das Benediktinerkloster St. Mang, das sich in kurzer Zeit zu einem geistigen und künstlerischen Zentrum entwikkelte. Die Klosterkirche von Johann Jakob Herkomer ist ein barockes Meisterwerk, sehenswert auch der Klosterbau mit Museum, Bibliothek und Fürstensaal. Die St.-Anna-Kapelle birgt den ältesten Totentanz Bayerns. Zu Füßen des auf den Grundmauern des spätrömischen Kastells ruhenden Hohen Schlosses liegt die zauberhafte Altstadt mit ihren schmalen Gassen, erkerverzierten Häusern und bunten Dächern. Im Winter locken die Pisten am Tegelberg, im Sommer der Lechfall kurz vor der österreichischen Grenze oder eine Rundfahrt mit der »Weißen Flotte« auf dem Forggensee. Nur 4 km entfernt: die romantischen Königsschlösser Neuschwanstein und Hohenschwangau.
ℹ *Kurverwaltung, Kaiser-Maximilian-Platz 1, 87629 Füssen, Tel. 0 83 62/70 77, Fax 3 91 81*

FÜSSEN: Die Fassade der Spitalkirche Hl. Geist schmücken barocke Fresken

## HINDELANG

Das heutige Rathaus des Kneipp- und Luftkurortes Hindelang (4900 Einw.) im Ostrachtal ließ 1660 der Augsburger Fürstbischof als Jagdschloß errichten. Mehrfach ausgezeichnet wurde das »Ökomodell Hindelang«: umweltschonender Tourismus, weitgehender Verzicht auf Kunstdünger und Futtermittelimporte, Direktvermarktung und strenge Produktkontrolle. Als großartiges Bergwanderrevier präsentiert sich das Naturschutzgebiet Allgäuer Hochalpen, Sessellifte führen auf die Hornalpe und den Iseler. In den Reinluftdörfern Ober- und Unterjoch ist der Wintersport zu Hause. Kulturelles Highlight: der berühmte Jörg-Lederer-Altar und die Holbein-Madonna in der Kirche von Bad Oberdorf.
ℹ *Kurverwaltung, Marktstr. 9, 87541 Hindelang, Tel. 0 83 24/89 20, Fax 80 55*

## IMMENSTADT

Reichtum, Ansehen und 1360 die Stadtrechte erwarb sich Immenstadt (14 000 Einw.) hauptsächlich durch den Salz- und Leinwandhandel. Im Renaissanceschloß am Marienplatz residierten bis 1565 die Grafen von Montfort, danach bis 1804 die Herren von Königsegg-Rothenfels. Das Heimatmuseum in der alten Hofmühle direkt an der Ach lädt ein zu einem Rundgang durch Geschichte, Handel und Handwerk. Ein Rundwanderweg erschließt die zahlreichen Burgruinen in der Umgebung. Auf den Immenstadter Hausberg Mittag, ins Ski- und Wandergebiet, führt eine Schwebebahn. Der Große Alpsee ist der größte Natursee des Allgäus und ein Wassersportparadies. Höhepunkt im Sommer: die Strandkonzerte im Bühler Musikpavillon.
ℹ *Gästeamt, Marienplatz 3, 87509 Immenstadt, Tel. 0 83 23/91 41 76, Fax 91 41 95*

## ISNY

Wehrhaft, naturverbunden und wanderfreundlich präsentiert sich die Stadt Isny (13 500 Einw.). Eine »Tour

LANDSBERG a. Lech
Ammersee
STARNBERG
Pullach
Grünwald
Starnberger See
WOLFRATSHAUSEN
GERETSRIED
Dießen a. Ammersee
Tutzing
Bernried
WEILHEIM i. OB.
Seeshaupt
Penzberg
SCHONGAU
Peiting
Peißenberg
PENZBERG
BAD TÖLZ
Staffelsee
Murnau
Ohlstadt
Kochelsee
Walchensee
Oberammergau
Ammergebirge
Linderhof
Garmisch-Partenkirchen
Mittenwald
Wettersteingebirge
Zugspitze
Ehrwald
Karwendel
Seefeld i. T.
Telfs
INNSBRUCK
HALL i. T.
Mieminger Kette
Fernpaß
Nassereith
Werdenfelser Land
Estergebirge
Olympia-Straße
Deutsche Alpenstraße
Romantische Straße
Wieskirche
Steingaden
Scharnitzpaß

der Türme« führt immer am Wassergraben entlang zu den Überresten der alten Stadtwehr, die »Tour de Moor« durch ausgedehnte Naturschutzgebiete. Vom Reichtum der seit 1365 Freien Reichsstadt zeugen die prachtvolle Pfarrkirche, das Rathaus und stolze Bürgerhäuser. Der mittelalterliche Stadtkern steht unter Denkmalschutz. Einmalig: die rund 500 Jahre alte Pfarrkirchenbibliothek in der Nikolaikirche.

ℹ *Kurverwaltung, Unterer Grabenweg 18, 88316 Isny, Tel. 0 75 62/98 41 10, Fax 98 41 72*

## KAUFBEUREN

Die einstige Freie Reichsstadt im Tal der Wertach (44 000 Einw.) ist stolz auf ihre Geschichte: Das Bild der Altstadt prägen Türme und Mauern, stolze Bürgerhäuser und kunstvolle Kirchen, idyllische Gassen und heitere Plätze. Wahrzeichen der Stadt ist der um 1420 erbaute Fünfknopfturm. Die Reste der Stadtmauer verbinden ihn mit der Blasiuskirche, die einen herrlichen Lederer-Altar besitzt. Im Kaisergäßchen residiert das Stadtmuseum mit einer Ludwig-Ganghofer-Gedenkstätte. Alljährlich Ende Juli feiert die Stadt Bayerns ältestes historisches Kinderfest: das »Tänzelfest«. Im Kaufbeurer Ortsteil Neugablonz erinnert das Gablonzer Haus unter anderem an das Schicksal der 18 000 Sudetendeutschen, die sich hier nach dem 2. Weltkrieg niederließen und in Fortführung heimatlicher Traditionen das bedeutendste Modeschmuckzentrum der Welt aufbauten (500 Handwerksbetriebe).

**HINDELANG: Beliebtes Ferienziel im Oberallgäu**

ℹ *Verkehrsverein, Kaiser-Max-Str. 1, 87600 Kaufbeuren, Tel. 0 83 41/4 04 05, Fax 7 39 62*

## KEMPTEN

Die Metropole des Allgäus (62 000 Einw.) kann auf eine über zweitausendjährige Vergangenheit zurückblicken. Die ersten Holzhäuser standen bereits 400 Jahre vor Christi Geburt auf dem rechten Hochufer der Iller. Die Römer bauten die keltische Siedlung zu einem ihrer bedeutendsten Stützpunkte in der Provinz Raetia aus; das Römermuseum im Zumsteinhaus und der »Archäologische Park Cambodunum« erinnern an diese Zeit. Den jahrhundertelangen Streit zwischen den Augsburger Fürstbischöfen und den Bürgern der seit 1525 Freien Reichsstadt beendete zunächst die Säkularisation, schließlich ein Machtwort des bayerischen Königs. An lauschigen Sommerabenden vermitteln die vielen Straßencafés und Gasthäuser im Zentrum der Altstadt einen Hauch südländischen Flairs. Zu den Sehenswürdigkeiten Kemptens zählen das prächtige Rathaus und der von Adels- und Bürgerhäusern umstandene Rathausplatz, die fürstäbtliche Residenz mit ihren Prunkräumen, der Marstall mit Alpinmuseum und die Burghalde, ehemals spätrömisches Kastell, heute Freilichtbühne mit gotischem Burgturm. Eine Institution ist der »Kemptener Jazzfrühling« Ende April/Anfang Mai.

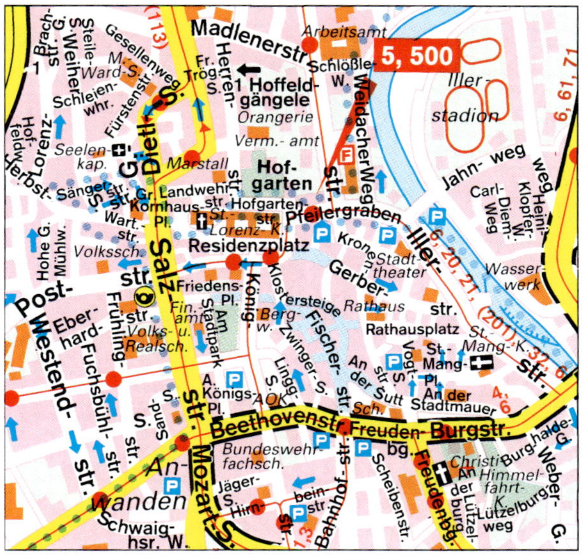


**Stadtplan von KEMPTEN**

ℹ *Amt für Tourismus, Rathausplatz 24, 87435 Kempten, Tel. 08 31/2 52 52 37, Fax 2 52 54 27*

## KISSLEGG

Herrliche Wiesen, Wälder, Moore und Seen umgeben den reizvollen Luftkurort (8700 Einw.), der aus gutem Grund an der Oberschwäbischen Barockstraße liegt: Johann G. Fischer schuf die barocke Pfarrkirche St. Gallus und Ulrich, in die Stukkaturen von Johannes Schütz und ein Silberschatz locken. Fresken von Cosmas Damian Asam besitzt die barocke Friedhofskapelle St. Anna. Eine Lücke in der Museumslandschaft schließt das »Museum Expressiver Realismus« im ebenfalls von Fischer erbauten Neuen Schloß. Das Alte Schloß mit den vier Rundtürmen und dem hohen Staffelgiebel entstand zwischen 1560 und 1570 und wird von den Grafen von Waldburg-Wolfegg bewohnt.

ℹ *Gästeamt, Neues Schloß, 88353 Kißlegg, Tel. 0 75 63/93 61 42, Fax 93 61 99*

## LEUTKIRCH

Im 8. Jh. war Leutkirch (23 000 Einw.) der kirchliche Mittelpunkt des sogenannten Nibelgaus. Die Montforter Grafen bauten den Ort zum Markt aus, 1293 erhielt er die Rechte einer Freien Reichsstadt. Leinwandweberei und die günstige Verkehrslage verhalfen dem Städtchen zu Ansehen und Wohlstand. Ein Bummel durch die sanierte Altstadt führt durch enge Gassen, vorbei an alten Bürgerhäusern, dem laubengeschmückten Rathaus und gemütlichen Straßencafés. Neben dem Blaserturm am Gänsbühl steht das Haus zum Bock (heute Heimatmuseum). An der Stadtmauer »kleben« noch einige der typischen Weberhäuser.

ℹ *Gästeamt, Am Gänsbühl 6, Tel. 0 75 61/8 71 54, Fax 8 71 86*

## LINDAU

Die Geschichte der Stadt (25 000 Einw.) ist schnell erzählt: Erst war ein Frauenkloster da (seit 810), dann kam ein Markt hinzu, und aus dem ging im 13. Jh. die Freie Reichsstadt hervor. Ihren Aufstieg verdankt die bayerische Enklave im und am Bodensee dem Italienhandel. Wahrzeichen ist die Hafeneinfahrt mit Löwe und Leuchtturm, einen Hauch »Riviera« vermittelt die Promenade am Kai. Im Alten Rathaus fand 1496 der Reichstag statt. Als schönstes Bürgerhaus am Bodensee gilt das »Haus zum Cavazzen« am Marktplatz. Weitere Sehenswürdigkeiten: die Maximilianstraße mit ihren Patrizierhäusern und das Stadttheater in der ehemaligen Barfüßerkirche. Ausflugsdampfer fahren ins malerische Wasserburg oder zur österreichischen Bodenseemetropole Bregenz mit ihrer Seebühne und der Seilbahn auf den Pfänder.

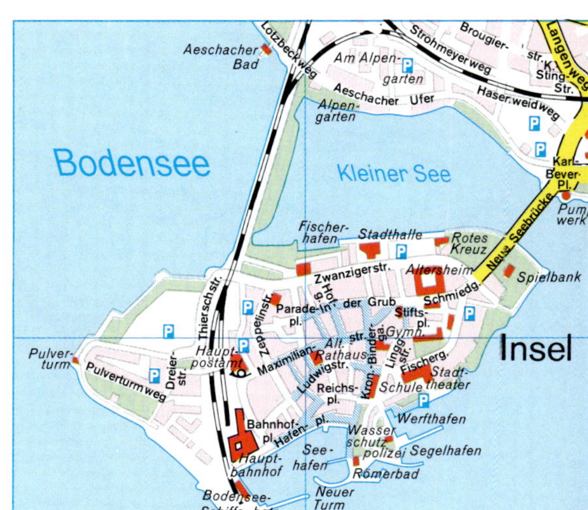


**Stadtplan von LINDAU**

ℹ *Tourist-Information, Ludwigstr. 68, 88131 Lindau, Tel. 0 83 82/26 00 30, Fax 26 00 26*

## LINDENBERG

Die heilklimatische Höhenlage macht's möglich: Seit 1926 darf sich das auf einem nebelfreien Hochplateau gelegene Lindenberg (11 400 Einw.) Höhenluftkurort nennen. Bekannt wurde das Städtchen mit dem höchstgelegenen Moorbad Deutschlands allerdings nicht des gesunden Klimas, sondern seiner Hutmacher wegen, die um die Jahrhundertwende an die vier Millionen Kopfbedeckungen im Jahr fertigten. Zwei Betriebe und ein Hutmuseum halten die Tradition in Ehren.

ℹ *Städt. Verkehrsamt, Stadtplatz 1, 88161 Lindenberg, Tel. 0 83 81/8 03 24, Fax 8 03 88*

## M

### MARKTOBERDORF

Ein fränkischer Königshof war Vorläufer der heutigen Kreisstadt des Ostallgäus (18 000 Einw.). Später erwarben die Augsburger

MINDELHEIM
BUCHLOE
BAD WÖRISHOFEN
MEMMINGEN
Ottobeuren
Oberschwäbische Barockstraße (Ostroute)
KAUFBEUREN
MARKTOBERDORF
LEUTKIRCH
KEMPTEN (Allgäu)
ISNY
Schwarzer Grat
Waltenhofen
Sulzberg
Nesselwang
Forggensee
FÜSSEN
Pfronten
IMMENSTADT
Oberstaufen
Alpsee
Grünten
SONTHOFEN
Hindelang
Tannheim
Nagelfluhkette
Balderschwanger Tal
Reutte
Weißenbach
Nebelhorn
Oberstdorf
Breitachklamm
Diedamskopf
Hoher Ifen
Gottesackerwände
Kleinwalsertal
Mittelberg
Allgäuer Alpen
Adelegg
Allgäu
Hornbachtal
Lechtal
Namloser Tal
Hohes Licht
Schwarzwasserbach
Hahntennjoch
Vils
Lech
Iller
Wertach
Günzach
Obergünzburg
Irsee
Dietmannsried
Legau
Lautrach
Woringen
Heimertingen
Buxheim
Berkheim
Erkheim
Sontheim
Westerheim
Hawangen
Dirlewang
Pforzen
Germaringen
Stöttwang
Roßhaupten
Seeg
Wertach
Hopfensee
Weißensee
Tannheimer Tal
Haldensee
Gaicht
Stanzach
Forchach
Elmen
Hinterhornbach
Warth
Schröcken
Baad
Hirschegg
Riezlern
Fischen
Bolsterlang
Blaichach
Burgberg
Rettenberg
Wertach
Jungholz
Deutsches Zollanschluß gebiet
Oy-Mittelberg
Durach
Betzigau
Wiggensbach
Buchenberg
Weitnau
Missen
Wildpoldsried
Altusried
Kimratshofen
Bad Grönenbach
Kronburg
Aitrach
Aichstetten
Hinznang
Argenbühl
Röthenbach
Grünenbach
Oberreute
Steibis
Balderschwang
Sibratsgfäll
Rehmen
Schoppernau

Fürstbischöfe den Ort. Ihr Jagdschloß nutzt heute die Bayerische Musikakademie. Hinter dem Haus beginnt eine alte Lindenallee, die vor über 200 Jahren Kurfürst Clemens Wenzeslaus pflanzen ließ. Begraben liegt er im Kapellenanbau der Schloßkirche, die zu den schönsten Rokokokirchen Bayerisch-Schwabens zählt. Ungewöhnlich die Präsenz des Riesengebirges in Marktoberdorf: Im Stadtpark steht ein Rübezahldenkmal, im Martinsheim gibt es neben dem Stadtmuseum auch ein Riesengebirgsmuseum. Herrliche Stuckdekorationen besitzen die Bertoldshofener Michaelskirche und die ein Stück nördlich gelegene Stöttwanger Pfarrkirche.

ℹ *Touristikbüro, Jahnstr. 1, 87616 Marktoberdorf, Tel. 0 83 42/40 08 45, Fax 40 08 65*

**Bei OBERSTAUFEN: St. Stephan in Genhofen**

## MEMMINGEN

Aus einer Welfengründung des 12. Jh.s hat sich die ungewöhnlich stark befestigte Freie Reichsstadt Memmingen (40 700 Einw.) entwickelt, in der Kaufleute wie die Vöhlins und die Fugger regen Handel trieben und auch der Kunst den Boden bereiteten. Am Weinmarkt stehen die reichgeschmückten Zunfthäuser der Weber, Metzger, Kramer und Zimmerleute, der südlich anmutende Marktplatz wird beherrscht vom Haus der Großzunft, dem sechsstöckigen Rathaus und den Arkaden des Steuerhauses. Ein einzigartiges gotisches Chorgestühl und bemerkenswerte Wandmalereien besitzt die evangelische Martinskirche aus dem 15. Jh.; zum Wertvollsten, was aus gotischer Zeit im Allgäu erhalten ist, gehört der Freskenzyklus der Strigel-Brüder aus dem Jahr 1460 in der Frauenkirche. Das Parishaus, eines der schönsten Rokokohäuser der Stadt, hat die Sammlung des Memminger Malers Max Unold aufgenommen. Der Stuck im Grimmelhaus stammt vermutlich von Dominikus Zimmermann. Durchzogen wird die Altstadt vom künstlich eingeleiteten Stadtbach, der Ende Juli beim großen Fischertag leergefischt wird. Das Wallensteinfest findet alle vier Jahre statt.

ℹ *Fremdenverkehrsamt, Marktplatz 3, 87700 Memmingen, Tel. 0 83 31/85 01 72, Fax 85 01 78*

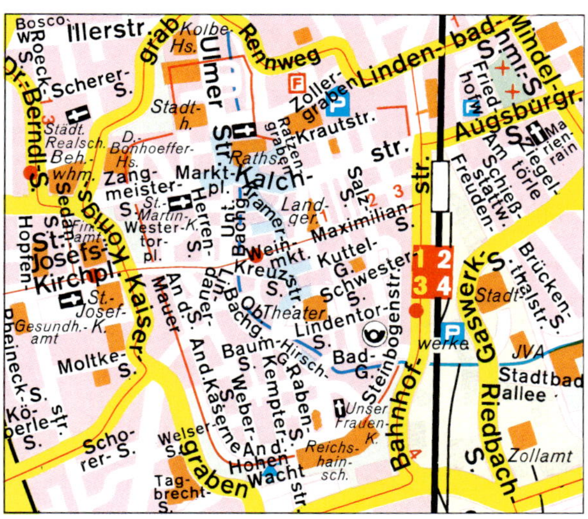


**Stadtplan von MEMMINGEN**

## MINDELHEIM

Staufer, Welfen, Wittelsbacher – sie alle haben der Frundsbergstadt im Mindeltal (13 900 Einw.) ihren Stempel aufgedrückt. Von einer Anhöhe blickt die Mindelburg, Stammsitz der Frundsberger, auf den historischen Altstadtkern mit seinen stuckverzierten Bürgerhäusern, prächtigen Kirchen und Kapellen und den Resten der Stadtwehr (Einlaßtor, Oberes Tor, Unteres Tor). An der Rathausecke steht der »Landsknechtvater« Georg von Frundsberg. Alle drei Jahre Ende Juni/Anfang Juli verwandelt sich der Ort in ein mittelalterliches Heerlager, dann wird mit großem Aufwand und einem historischen Festzug das Frundsbergfest gefeiert. Stiller geht es in den zahlreichen Mindelheimer Museen zu: im Krippen-, Textil- und Prähistorischen Museum oder im einzigartigen Turmuhrenmuseum.

ℹ *Verkehrsbüro, Beim Rathaus, 87719 Mindelheim, Tel. 0 82 61/99 15 69, Fax 99 15 70*

## OBERSTAUFEN

Im einzigen Schroth-Heilbad der Welt (7200 Einw.) kuren alljährlich mehr als 150 000 Gäste aus aller Herren Länder. Kein Wunder, daß der Ort, der sich vom 16. Jh. bis 1806 im Besitz der Grafen von Königsegg befand, »Face-Lifting« betrieben hat. Geblieben sind die sprichwörtliche Allgäuer Freundlichkeit, eine ausgezeichnete Küche, die überwiegend Erzeugnisse heimischer Landwirte verarbeitet, und eine grüne Buckellandschaft, die bei einer Seilbahnfahrt auf den Hochgrat auch in alpine Bereiche vorstößt. Sport und Freizeit werden im nebel- und föhnfreien Luftkurort großgeschrieben: 18-Loch-Golfplatz, Erlebnisbad »Aquaria«, 250 km Wanderwege und Skigebiete am Hochgrat, Hündle und in Steibis. Auf die Wurzeln besinnen sich das Heimatmuseum im Strumpferhaus und das Bauernhausmuseum im Ortsteil Thalkirchdorf Knechtenhofen.

ℹ *Kurverwaltung, Hugo-von-Königsegg-Str. 8, 87534 Oberstaufen, Tel. 0 83 86/9 30 00, Fax 93 00 20*

## OBERSTDORF

Eine eindrucksvolle Bergkulisse umschließt die südlichste Gemeinde Deutschlands (11 000 Einw.) im Tal der jungen Iller. Der Großbrand von 1865 hat das alte Oberstdorf fast vollständig zerstört. Übrig blieben einige Blockbauten aus dem 17. Jh. und das alte Rathaus. Das fotogene Dreierensemble der Lorettokapellen am südlichen Ortsrand ist einen Besuch wert. Im Heimatmuseum, das den größten Schuh der Welt besitzt, sind Lebens- und Arbeitsverhältnisse der Bevölkerung dokumentiert; am Freibergsee im Stillachtal steht die berühmte Skiflugschanze. Bergbahnen erschließen die Wander- und Skigebiete von Söllereck, Fell- und Nebelhorn, markierte Wanderwege führen in die autofreien Seitentäler. Hochalpin geht es auf dem Heilbronner Weg, dem Mindelheimer und dem Hindelanger Klettersteig zu. Nach Tiefenbach lockt nicht nur die reich ausgestattete Pfarrkirche aus dem 15. Jh., sondern auch die atemberaubende Breitachklamm, ins Rohrmoostal die wahrscheinlich älteste Holzkapelle Europas mit wertvollen volkstümlichen Wandmalereien aus dem 16. Jh.

ℹ *Verkehrsamt, Marktplatz 7, 87561 Oberstdorf, Tel. 0 83 22/70 00, Fax 70 02 36*

## OTTOBEUREN

Eine der größten Klosteranlagen Europas dominiert das Bild des Kneippkurorts (8000 Einw.) im wiesenreichen Günztal. Von den 200 Räumen und 20 Sälen der 764 gegründeten Benediktinerabtei sind die Abtkapelle, die klösterlichen Kunstsammlungen, die Bibliothek, das Barocktheater und der Kaisersaal zu besichtigen. Höhepunkt ist die doppeltürmige Basilika, ein Meisterwerk bayerischer Barockbaukunst, dem Johann Michael Fischer letztlich Gestalt gab. Unbedingt zu empfehlen: die bekannten Ottobeurer Konzerte. Auf dem Platz des abgebrannten Kneipp-Geburtshauses im nahen Stephansried erinnert ein Obelisk an den berühmten »Wasserdoktor«.

ℹ *Kurverwaltung, Marktplatz 14, 87724 Ottobeuren, Tel. 0 83 32/92 19 50, Fax 92 19 92*

**MEMMINGEN: Rathaus mit Rokokofassade**

# Autokarte Maßstab 1:300.000 Zeichenerklärung

## Verkehr

- Autobahn mit Anschlußstelle - Halbanschlußstelle Tankstelle -, mit Kleinraststätte - Rasthaus -, mit Motel (Kempten, 21, Allgäuer Tor)
- Nur einbahnig - in Bau - geplant
- Vier- oder mehrspurige Straße (ein- oder zweibahnig) - in Bau - geplant
- Bundesstraße - in Bau - geplant
- Hauptstraße - in Bau - geplant
- Nebenstraße - in Bau
- Sonstige Wege -, nur bedingt befahrbar - Fußweg
- Autobahnnummer - Europastraßennummer Bundesstraßennummer (7, E 54, 12)
- Steigung - Paßstraße mit Wintersperre (von - bis) (10%, X-IV)
- Für Wohnwagen nicht empfehlenswert -, verboten
- Mautstelle - Gebührenpflichtige Straße - Für Kfz gesperrte Straße
- Kilometrierung an Autobahnen (75, 30, 45)
- Kilometrierung an übrigen Straßen (35, 10, 25)
- Hauptbahn - Nebenbahn (mit Bahnhof oder Haltepunkt)
- Eisenbahn (nur Güterverkehr) - Autoverladung
- Zahnrad- oder Standseilbahn - Seilschwebebahn
- Sessellift - Skilift
- Schiffahrtslinie -, mit Autotransport - Autofähre an Flüssen
- Flughafen - Flugplatz - Segelflugplatz

## Sehenswürdigkeiten

- Besonders sehenswerter Ort (KEMPTEN)
- Besonders sehenswertes Bauwerk (Neuschwanstein)
- Sonstige Sehenswürdigkeit (Starzlachklamm)
- Landschaftlich schöne Strecke - Touristenstraße (Deut. Alpenstr.)
- Botanischer Garten, sehenswerter Park
- Zoologischer Garten - Wildgehege
- Nationalpark, Naturpark - Naturschutzgebiet (NSG)
- Aussichtspunkt
- Burg, Schloß - Kloster - Ruinen
- Kirche - Sehenswerte Kirche - Kapelle
- Ringwall
- Denkmal - Aussichtsturm
- Wasserturm - Funk- oder Fernsehturm
- Windmühle - Wassermühle
- Leuchtturm - Feuerschiff
- Hervorragender Nadelbaum -, Laubbaum - Forsthaus
- Bergwerk -, außer Betrieb - Erdölförderpumpe
- Skisprungschanze - Höhle
- Deutscher Soldatenfriedhof
- Römischer Limes mit Kastell

## Sonstiges

- Motel - Alleinstehendes Hotel, Gasthaus oder bewirtschaftete Berghütte
- Jugendherberge - Naturfreundehaus
- Schutzhütte
- Campingplatz, ganzjährig -, nur im Sommer
- Strandbad - Schwimmbad - Heilbad
- Weinort
- Stadion - Sportplatz
- Staatsgrenze - Grenzübergang - Verwaltungsgrenze
- Sperrgebiet
- Wald - Heide

1:300.000 — 0 2 4 6 8 10 km

SCHWANGAU: Hohenschwangau wurde 1833 auf den Ruinen einer Ritterburg erbaut

## PFRONTEN

Einst Römerstation (»ad frontes«), dann mittelalterliche Bauernrepublik (bis 1403), später im Besitz der Augsburger Bischöfe, heute beliebter Kur- und Wintersportort (8100 Einw.). Hoch über dem Dörferkonglomerat im Vilstal erhebt sich die Ruine Falkenstein. Auf ihren Grundmauern wollte König Ludwig II. ein Gegenstück zu Schloß Neuschwanstein errichten; es blieb bei den Plänen. Den gegenüberliegenden Breitenberg erschließen Bergbahnen, Wanderwege führen hinauf zur Ostlerhütte, hinüber zum Aggenstein und zur Bad Kissinger Hütte. Durch das Achtal gelangt man ins Tannheimer Tal in Tirol. Eine örtliche Spezialität ist die traditionsreiche »Bergwiesen-Heukur«.

ℹ *Kur- und Verkehrsamt, Vilstalstr. 2, 87454 Pfronten-Ried, Tel. 0 83 63/6 98 88, Fax 6 98 66*

## SCHEIDEGG

Überdurchschnittlich ist die Sonnenscheindauer, würzig die Luft und großartig die Sicht vom hochgelegenen Luftkur- und Wintersportort (4000 Einw.) im Dreiländereck. Früher gehörte der Weiler dem Kloster St. Gallen, dann den Grafen von Montfort, später gelangte er in den Besitz der Österreicher und kam 1806 schließlich zu Bayern. Attraktionen sind der Rohrachtobel, der Reptilienzoo, das Handwerkermuseum im Heimathaus und ein sportliches Angebot der besonderen Art: »Radln bergab«.

ℹ *Kurverwaltung, Rathausplatz 4, 88175 Scheidegg, Tel. 0 83 81/8 95 55, Fax 8 95 50*

## SCHWANGAU

Im Angesicht der Königsschlösser Neuschwanstein und Hohenschwangau dehnt sich der Kurort (3800 Einw.) bis zum Ufer des Forggensees aus. Auf den nahen Tegelberg mit seiner atemberaubenden Aussicht trägt eine Seilbahn Wanderer und Drachenflieger. Römische Ausgrabungen und eine Sommerrodelbahn erwarten Besucher an der Talstation. Zu den meistfotografierten Wallfahrtskirchen in Bayern zählt St. Koloman.

ℹ *Kurverwaltung, Münchener Str. 2, 87645 Schwangau, Tel. 0 83 62/85 81, Fax 81 98 25*

## SEEG

Eine wald- und wiesenreiche Hügellandschaft umgibt den beliebten Luftkurort Seeg (2700 Einw.) unweit von Füssen. »Entdeckt« hat ihn Kaiser Maximilian I., der die Seeger Seen anlegen ließ. Im Dreißigjährigen Krieg brannten kaiserliche Truppen das Dorf nieder. Anschließend wurde es wiederaufgebaut: Der Pfarrkirche St. Ulrich schenkte man dabei besondere Aufmerksamkeit: Die nach einem Entwurf Johann Jakob Herkomers errichtete und verschwenderisch ausgestattete »Kleine Wies« gilt als eine der schönsten Dorfkirchen im Allgäu. Zu den besterhaltenen Burganlagen der Region zählen die nur wenige Kilometer südlich gelegenen Ruinen Eisenberg und Hohenfreyberg.

*Verkehrsamt, Hauptstr. 39, 87637 Seeg, Tel. 0 83 64/ 98 30 33, Fax 84 84*

## SONTHOFEN

Kreisstadt des Oberallgäus und seit 1963 auch südlichste Stadt Deutschlands (22 000 Einw.). Im Mittelalter gehörte der Ort zwischen Iller und Ostrach, der zu den Allgäuer Urpfarreien gerechnet wird, den mächtigen Rettenbergern. Vom 14. bis zum Anfang des 19. Jh.s war er im Besitz des Hochstifts Augsburg. Durch die Geschichte des oberen Allgäus und die bäuerliche Kultur der letzten drei Jahrhunderte führen die Sammlungen des Heimathauses. Den Hochaltar in der Michaelskirche schmücken Figuren des Füssener Bildhauers Anton Sturm; einen sehenswerten Hans-Strigel-Altar aus dem Jahr 1438 birgt die Kapelle im Ortsteil Berghofen. In Winkel beginnt der Weg in die Starzlachklamm; Skigebiete gibt es am Grünten und auf den Hörnern.

ℹ *Gästeamt, Rathausplatz 1, 87527 Sonthofen, Tel. 0 83 21/61 52 91, Fax 61 52 93*

## STEINGADEN

Das Gebiet des oberen Lechs war im 12. Jh. fest in Welfenhand. Welf VI., der Onkel Heinrichs des Löwen, gründete im Jahr 1147 ein Prämonstratenserkloster im heutigen Steingaden (2700 Einw.). Erhalten sind Teile des Kreuzgangs und das doppeltürmige romanische Münster. Dem reichen Barock im Innern stehen in der Vorhalle Fresken mit Szenen aus der Welfengeschichte gegenüber. Die nahe Wieskirche, eine Gemeinschaftsarbeit der Brüder Dominikus und Johann Baptist Zimmermann, gilt als reifste Schöpfung des bayerischen Rokoko.

ℹ *Verkehrsamt, Krankenhausstr. 1, 86989 Steingaden, Tel. 0 88 62/2 00, Fax 64 70*

## WANGEN

Mit einem der schönsten süddeutschen Altstadtbilder wuchert die einstige Freie Reichs- und heutige Kreisstadt (25 700 Einw.). Wirtshausschilder aus dem 18. Jh. und bemalte Häuser schmücken die Herrenstraße, deren krönenden Abschluß das Frauentor von 1472 bildet. 125 Jahre älter ist das St.-Martins- oder Lindauer Tor. Das innen wie außen sehenswerte Rathaus war einst Teil der staufischen Stadtbefestigung und erhielt 1721 seine Barockfassade. Ebenfalls empfehlenswert: ein Besuch der dreischiffigen Martinskirche und der über 400 Jahre alten Rochuskapelle im Stadtpark oder in einem der zahlreichen Museen (Heimat- und Käsereimuseum, Gustav-Freytag-Museum, Deutsches Eichendorff-Museum und Badstube).

ℹ *Gästeamt, Am Marktplatz 1, 88239 Wangen, Tel. 0 75 22/7 42 11, Fax 7 41 11*

## WEILER-SIMMERBERG

Der 894 erstmals erwähnte Ort (6200 Einw.) im Rothachtal zählt zu den ältesten Siedlungen des Westallgäus. Die Herren von Weiler, Dienstmannen des Klosters St. Gallen, die im 13. Jh. in den Adelsstand aufgestiegen sind, waren einflußreiche Geld- und Ratgeber des Kaisers. Schön anzusehen ist der Kirchplatz mit dem 1681 entstandenen Amtshaus (heute Rathaus) und der klassizistischen Pfarrkirche. Das Kornhausmuseum an der Bachbrücke informiert über die regionale Flora und Fauna, das Westallgäuer Heimatmuseum zeigt wertvolle Volkskunst.

ℹ *Kur- und Gästeamt, Hauptstr. 14, 88171 Weiler, Tel. 0 83 87/3 91 50, Fax 3 91 53*

## WOLFEGG

Vier Gründe gibt es für einen Besuch in Wolfegg (3200 Einw.): den Rittersaal im Stammsitz der Wolfsburg-Waldegg-Waldseer, das in einem Nebengebäude untergebrachte Automobilmuseum von Fritz B. Busch, das Bauernhausmuseum und die frühere Schloßkirche, ein prachtvoller Barockbau des Füsseners Johann Georg Fischer mit wundervollem Intarsiengestühl.

ℹ *Wolfegg Information, Röthenbacher Str. 13, 88364 Wolfegg, Tel. 0 75 27/96 01 51, Fax 9 60 17 08*

SCHEIDEGG: Von der Sonne verwöhnt

Übersichtskarte
Maßstab 1:750.000
0 10 20 30 40 km
Dinkelsbühl
Weißenbg. i.Bay.
Ellwangen (Jagst)
Backnang
Murrhardt
Gaildorf
Waiblingen
Winnenden
Schwäbisch Gmünd
Aalen
Bopfingen
Nördlingen
Esslingen a.N.
Plochingen
Schorndorf
Göppingen
Donauwörth
Ingolstadt
Neuburg a.d.D.
Kirchheim u.Teck
Nürtingen
Geislingen a.d.Steige
Heidenheim a.d.Brenz
Giengen a.d.Brenz
Herbrechtingen
Gerstetten
Dillingen a.d.Donau
Schrobenhausen
Bad Urach
Langenau
Günzburg
Aichach
Blaustein
Blaubeuren
Münsingen
ULM
Neu-Ulm
AUGSBURG
Senden
Weißenhorn
Ehingen (Donau)
Laupheim
Vöhringen
Illertissen
Krumbach (Schwaben)
Bobingen
Königsbrunn
Schwabmünchen
Biberach a.d.Riß
Mindelheim
Landsberg a.L.
Fürstenfeldbruck
Gauting
Starnberg
Saulgau
Memmingen
Bad Wörishofen
Bad Waldsee
Bad Wurzach
Leutkirch im Allgäu
Kaufbeuren
Weingarten
Ravensburg
Schongau
Weilheim i.OB.
Peißenberg
Markdorf
Marktoberdorf
Penzberg
Friedrichshafen
Tettnang
Wangen im Allgäu
Isny i.Allgäu
Kempten (Allg.)
Murnau a.St.
Lindau (B.)
Immenstadt i.Allgäu
Füssen
Bregenz
Sonthofen
Garmisch-Partenkirchen
Mittenwald
St.Gallen
Dornbirn
Oberstdorf
Hohenems
Feldkirch
Innsbruck
Bludenz
Liechtenstein